국제토셀위원회

TOSEL 실전문제집 2

STARTER

HIGH-JUNIOR
PRE-STARTER

최신 기출 경향반영 실전모의고사 수록
국제토셀위원회 공식교재

CONTENTS

About this book

1 Actual Test

토셀 최신 유형을 반영하여
실전 모의고사를 5회 실었습니다.
수험자들의 토셀 시험 대비 및
적응력 향상에 도움이 됩니다.

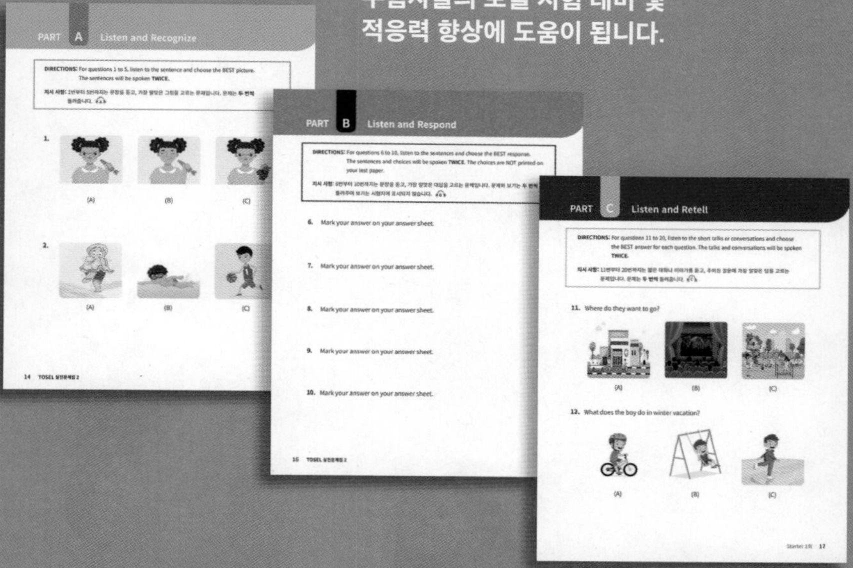

2 Appendix

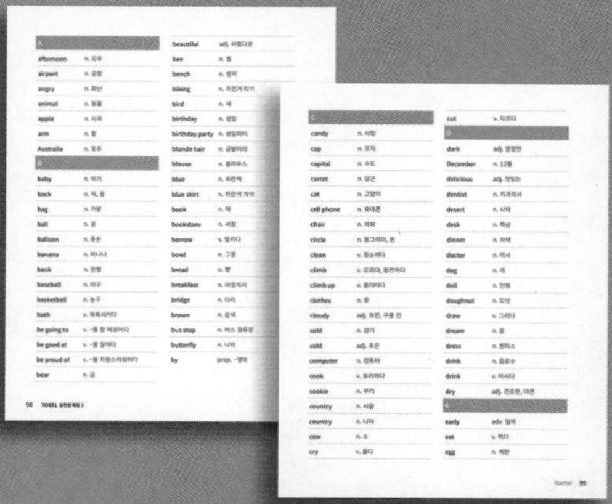

필수 어휘를 포함해 모의고사
빈출 어휘 목록을 수록했습니다.
평소 어휘 정리뿐만 아니라
시험 직전 대비용으로 활용 가능합니다.

3 Answer

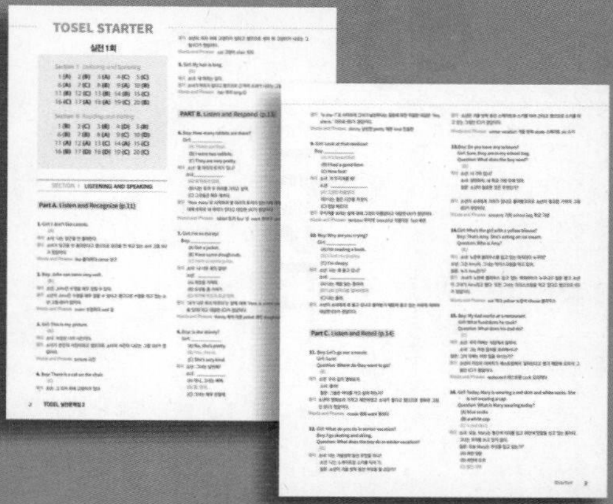

자세한 해설과 문제 풀이로
오답 확인 및 시험 대비를 위한 정리가 가능합니다.

1

영어를 시작하는 단계

2

영어의 밑바탕을
다지는 단계

TOSEL
Cocoon

유치원생

TOSEL
Pre Starter

초등 1,2학년

TOSEL
Starter

초등 3,4학년

3

영어의 도약단계

TOSEL

TOSEL
Basic

초등 5,6학년

4

영어의 실전단계

TOSEL

TOSEL
Junior

중학생

5

영어의 고급화 단계

TOSEL

TOSEL
High Junior

고등학생

6

영어의 완성단계

TOSEL

TOSEL
Advanced

대학생, 직장인

About TOSEL® — TOSEL에 대하여

TOSEL은 각급 학교 교과과정과 연령별 인지단계를 고려하여 단계별 난이도와 문항으로
영어 숙달 정도를 측정하는 영어 사용자 중심의 맞춤식 영어능력인증 시험제도입니다.
평가유형에 따른 개인별 장점과 단점을 파악하고, 개인별 영어학습 방향을 제시하는 성적분석자료를 제공하여
영어능력 종합검진 서비스를 제공함으로써 영어 사용자인 소비자와
영어능력 평가를 토대로 영어교육을 담당하는 교사 및 기관 인사관리자인 공급자를
모두 만족시키는 영어능력인증 평가입니다.

TOSEL은 인지적-학문적 언어 사용의 유창성 (Cognitive-Academic Language Proficiency, CALP)과
기본적-개인적 의사소통능력 (Basic Interpersonal Communication Skill, BICS)을
엄밀히 구분하여 수험자의 언어능력을 가장 친밀하게 평가하는 시험입니다.

대상	목적	용도
유아, 초, 중, 고등학생, 대학생 및 직장인 등 성인	한국인의 영어구사능력 증진과 비영어권 국가의 영어 사용자의 영어구사능력 증진	실질적인 영어구사능력 평가 + 입학전형 및 인재선발 등에 활용 및 직무역량별 인재 배치

연혁

2002.02	국제토셀위원회 창설 (수능출제위원역임 전국대학 영어전공교수진 중심)
2004.09	TOSEL 고려대학교 국제어학원 공동인증시험 실시
2006.04	EBS 한국교육방송공사 주관기관 참여
2006.05	민족사관고등학교 입학전형에 반영
2008.12	고려대학교 편입학시험 TOSEL 유형으로 대체
2009.01	서울시 공무원 근무평정에 TOSEL 점수 가산점 부여
2009.01	전국 대부분 외고, 자사고 입학전형에 TOSEL 반영 (한영외국어고등학교, 한일고등학교, 고양외국어고등학교, 과천외국어고등학교, 김포외국어고등학교, 명지외국어고등학교, 부산국제외국어고등학교, 부일외국어 고등학교, 성남외국어고등학교, 인천외국어고등학교, 전북외국어고등학교, 대전외국어고등학교, 청주외국어고등학교, 강원외국어고등학교, 전남외국어고등학교)
2009.12	청심국제중 • 고등학교 입학전형 TOSEL 반영
2009.12	한국외국어교육학회, 팬코리아영어교육학회, 한국음성학회, 한국응용언어학회 TOSEL 인증
2010.03	고려대학교, TOSEL 출제기관 및 공동 인증기관으로 참여
2010.07	경찰청 공무원 임용 TOSEL 성적 가산점 부여
2014.04	전국 200개 초등학교 단체 응시 실시
2017.03	중앙일보 주관기관 참여
2018.11	관공서, 대기업 등 100여 개 기관에서 TOSEL 반영
2019.06	미얀마 TOSEL 도입 발족식 베트남 TOSEL 도입 협약식
2019.11	고려대학교 편입학전형 반영
2020.06	국토교통부 국가자격시험 TOSEL 반영
2021.07	소방청 간부후보생 선발시험 TOSEL 반영
2021.11	고려대학교 공과대학 기계학습 • 빅데이터 연구원 AI 연구 협약
2022.05	AI 영어학습 플랫폼 TOSEL Lab 공개
2023.11	고려대학교 경영대학 전국 고등학생 대상 정기캠퍼스 투어 프로그램 후원기관 참여
2024.01	제1회 TOSEL VOCA 올림피아드 실시
2024.03	고려대학교 미래교육원 TOSEL 전문가과정 개설

About TOSEL®

TOSEL에 대하여

What's TOSEL?

"Test of Skills in the English Language"

TOSEL은 비영어권 국가의 영어 사용자를 대상으로 영어구사능력을 측정하여 그 결과를 공식 인증하는 영어능력인증 시험제도입니다.

영어 사용자 중심의 맞춤식 영어능력 인증 시험제도

맞춤식 평가

획일적인 평가에서 세분화된 평가로의 전환

TOSEL은 응시자의 연령별 인지단계에 따라 별도의 문항과 난이도를 적용하여 평가함으로써 평가의 목적과 용도에 적합한 평가 시스템을 구축하였습니다.

공정성과 신뢰성 확보

국제토셀위원회의 역할

TOSEL은 고려대학교가 출제 및 인증기관으로 참여하였고 대학입학수학능력시험 출제위원 교수들이 중심이 된 국제토셀위원회가 주관하여 사회적 공정성과 신뢰성을 확보한 평가 제도입니다.

수입대체 효과

외화유출 차단 및 국위선양

TOSEL은 해외시험응시로 인한 외화의 유출을 막는 수입대체의 효과를 기대할 수 있습니다. TOSEL의 문항과 시험제도는 비영어권 국가에 수출하여 국위선양에 기여하고 있습니다.

Why TOSEL® 왜 TOSEL인가

01 학교 시험 폐지

일선 학교에서 중간, 기말고사 폐지로 인해 객관적인 영어 평가 제도의 부재가 우려됩니다. 그러나 전국단위로 연간 4번 시행되는 TOSEL 평가시험을 통해 학생들은 정확한 역량과 체계적인 학습방향을 꾸준히 진단받을 수 있습니다.

02 연령별/단계별 대비로 영어학습 점검

TOSEL은 응시자의 연령별 인지단계 및 영어 학습 단계에 따라 총 7단계로 구성되었습니다. 각 단계에 알맞은 문항유형과 난이도를 적용해 모든 연령 및 학습 과정에 맞추어 가장 효율적으로 영어실력을 평가할 수 있도록 개발된 영어시험입니다.

03 학교내신성적 향상

TOSEL은 학년별 교과과정과 연계하여 학교에서 배우는 내용을 학습하고 평가할 수 있도록 문항 및 주제를 구성하여 내신영어 향상을 위한 최적의 솔루션을 제공합니다.

04 수능대비 직결

유아, 초, 중등시절 어렵지 않고 즐겁게 학습해 온 영어이지만, 수능시험준비를 위해 접하는 영어의 문항 및 유형 난이도에 주춤하게 됩니다. 이를 대비하기 위해 TOSEL은 유아부터 성인까지 점진적인 학습을 통해 수능대비를 자연적으로 해나갈 수 있습니다.

05 진학과 취업에 대비한 필수 스펙관리

개인별 '학업성취기록부' 발급을 통해 영어학업성취이력을 꾸준히 기록한 영어학습 포트폴리오를 제공하여 영어학습 이력을 관리할 수 있습니다.

06 자기소개서에 토셀 기재

개별적인 진로 적성 Report를 제공하여 진로를 파악하고 자기소개서 작성시 적극적으로 활용할 수 있는 객관적인 자료를 제공합니다.

07 영어학습 동기부여

시험실시 후 응시자 모두에게 수여되는 인증서는 영어학습에 대한 자신감과 성취감을 고취시키고 동기를 부여합니다.

08 AI 분석 영어학습 솔루션

국내외 15,000여 개 학교.학원 단체 응시인원 중 엄선한 100만 명 이상의 실제 TOSEL 성적 데이터를 기반으로 영어인증시험 제도 중 세계 최초로 인공지능이 분석한 개인별 AI 정밀 진단 성적표를 제공합니다. 최첨단 AI 정밀진단 성적표는 최적의 영어 학습 솔루션을 제시하여 영어 학습에 소요되는 시간과 노력을 획기적으로 절감해줍니다

09 명예의 전당, 우수협력기관 지정

우수교육기관은 'TOSEL 우수 협력 기관'에 지정되고, 각 시/도별, 최고득점자를 명예의 전당에 등재합니다.

Evaluation — 평가

평가의 기본원칙

TOSEL은 PBT(Paper Based Test)를 통하여 간접평가와 직접평가를 모두 시행합니다.

TOSEL은 언어의 네 가지 요소인 **읽기, 듣기, 말하기, 쓰기 영역을 모두 평가합니다.**

문자언어		음성언어
읽기능력	+	듣기능력
쓰기능력		말하기능력

↓

대한민국 대표 영어능력 인증 시험제도

TOSEL®

Reading 읽기	모든 레벨의 읽기 영역은 직접 평가 방식으로 측정합니다.
Listening 듣기	모든 레벨의 듣기 영역은 직접 평가 방식으로 측정합니다.
Writing 쓰기	모든 레벨의 쓰기 영역은 간접 평가 방식으로 측정합니다.
Speaking 말하기	모든 레벨의 말하기 영역은 간접 평가 방식으로 측정합니다.

TOSEL은 연령별 인지단계를 고려하여 **아래와 같이 7단계로 나누어 평가합니다.**

1 단계	TOSEL® COCOON	5~7세의 미취학 아동
2 단계	TOSEL® Pre-STARTER	초등학교 1~2학년
3 단계	TOSEL® STARTER	초등학교 3~4학년
4 단계	TOSEL® BASIC	초등학교 5~6학년
5 단계	TOSEL® JUNIOR	중학생
6 단계	TOSEL® HIGH JUNIOR	고등학생
7 단계	TOSEL® ADVANCED	대학생 및 성인

Grade Report — 성적표 및 인증서

고도화 성적표: 응시자 개인별 최적화 AI 정밀진단

20여년간 축적된 약 100만명 이상의 엄선된 응시자 빅데이터를 TOSEL AI로 분석 · 진단한 개인별 성적자료

전국 단위 연령, 레벨 통계자료를 활용하여 보다 정밀한 성취 수준 판별
파트별 강/약점, 영역별 역량, 8가지 지능, 단어 수준 등을 비교 및 분석하여 폭넓은 학습 진단
오답 문항 유형별 심층 분석 자료 및 솔루션으로 학습 방향 제시, TOSEL과 수능 및 교과학습 성취기준과의 연계
모바일 기기 지원 - UX/UI 개선, 반응형 웹페이지로 구현되어 태블릿, 휴대폰, PC 등 다양한 기기 환경에서 접근 가능

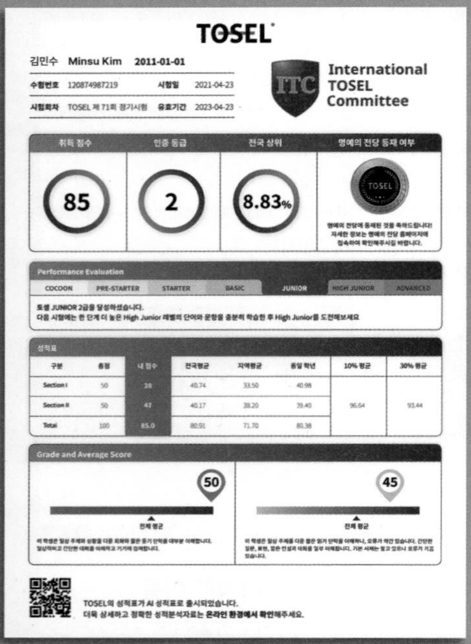

기본 제공 성적표

고도화 성적표 (일부 유료)

단체 성적 분석 자료

단체 및 기관 대상

- 레벨별 평균성적추이, 학생분포
  섹션 및 영역별 평균 점수, 표준편차

TOSEL Lab 지정교육기관 대상 추가 제공

- 원생 별 취약영역 분석 및 보강방안 제시
- TOSEL수험심리척도를 바탕으로 학생의 응답 특이성을 파악하여 코칭 방안 제시
- 전국 및 지역 단위 종합적 비교분석
  (레벨/유형별 응시자 연령 및 규모, 최고득점 등)

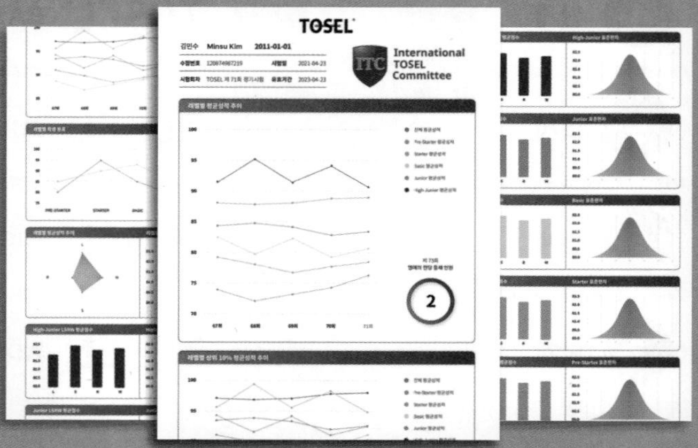

'토셀 명예의 전당' 등재

특별시, 광역시, 도 별 **1등 선발**
(7개시 9개도 **1등 선발**)

*홈페이지 로그인 - 시험결과 - 명예의 전당에서
해당자 등재 증명서 출력 가능

영어능력 학업성취기록부

Name in full : 나토셀 Date of birth : 2000-03-09

응시회차	날짜	응시레벨	인증취득사항
토셀 제 53회 정기시험	2016-08-20	HIGH JUNIOR	1등급
토셀 제 46회 정기시험	2015-02-28	JUNIOR	1등급
토셀 제 43회 정기시험	2014-06-28	JUNIOR	3등급
토셀 제 39회 정기시험	2013-08-24	BASIC	3등급

국제토셀위원회는 나토셀(NAH TO SEL) 학생의 학업성취기록을 상기와 같이 인증합니다.

International TOSEL Committee
국제토셀위원회

국제토셀위원회 직인이 날인되지 않은 인증서는 공인 인증서로서 효력이 없으며, 인증유효기간은 응시일로부터 2년입니다.

'학업성취기록부'에 토셀 인증등급 기재

개인별 **'학업성취기록부' 평생 발급**
진학과 취업을 대비한 **필수 스펙관리**

인증서

대한민국 초,중,고등학생의 영어숙달능력 평가 결과 공식인증

고려대학교 인증획득 (2010. 03)

한국외국어교육학회 인증획득 (2009. 12)

한국음성학회 인증획득 (2009. 12)

한국응용언어학회 인증획득 (2009. 11)

팬코리아영어교육학회 인증획득 (2009. 10)

International TOSEL Committee TOSEL®

Certificate of Achievement

This certificate is awarded to the following person
for their achievement in the

TOSEL® Advanced Test

grade 1

Republic of Korea
86th TOSEL general test
2023-10-16

Hoyeol Lee
Chairman
International TOSEL Committee

A certificate without the seal of the International TOSEL Committee is not valid as an official certificate, and the validity period of the certification is two years from the date of examination.

Actual Test 1

Section I

Listening and Speaking

Part **A** Listen and Recognize
5 Questions

Part **B** Listen and Respond
5 Questions

Part **C** Listen and Retell
10 Questions

PART A Listen and Recognize

DIRECTIONS: For questions 1 to 5, listen to the sentence and choose the BEST picture. The sentences will be spoken **TWICE.**

지시 사항: 1번부터 5번까지는 문장을 듣고, 가장 알맞은 그림을 고르는 문제입니다. 문제는 **두 번씩** 들려줍니다.

1.

(A)

(B)

(C)

2.

(A)

(B)

(C)

3.

(A)

(B)

(C)

4.

(A)

(B)

(C)

5.

(A)

(B)

(C)

PART B Listen and Respond

DIRECTIONS: For questions 6 to 10, listen to the sentences and choose the BEST response. The sentences and choices will be spoken **TWICE**. The choices are NOT printed on your test paper.

지시 사항: 6번부터 10번까지는 문장을 듣고, 가장 알맞은 대답을 고르는 문제입니다. 문제와 보기는 **두 번씩** 들려주며 보기는 시험지에 표시되지 않습니다.

6. Mark your answer on your answer sheet.

7. Mark your answer on your answer sheet.

8. Mark your answer on your answer sheet.

9. Mark your answer on your answer sheet.

10. Mark your answer on your answer sheet.

PART C Listen and Retell

DIRECTIONS: For questions 11 to 20, listen to the short talks or conversations and choose the BEST answer for each question. The talks and conversations will be spoken **TWICE.**

지시 사항: 11번부터 20번까지는 짧은 대화나 이야기를 듣고, 주어진 질문에 가장 알맞은 답을 고르는 문제입니다. 문제는 **두 번씩** 들려줍니다.

11. Where do they want to go?

(A)

(B)

(C)

12. What does the boy do in winter vacation?

(A)

(B)

(C)

13. What does the boy need?

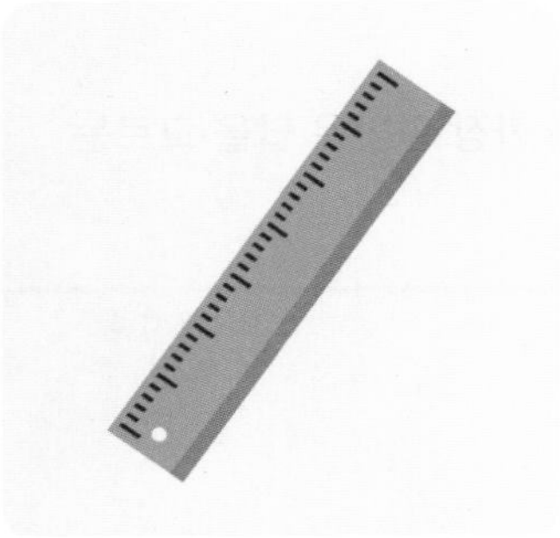

(A)

(B)

(C)

14. Who is Amy?

(A)

(B)

(C)

15. What does his dad do?

(A)

(B)

(C)

16. What is Mary wearing today?

(A) blue socks

(B) a white cap

(C) a red skirt

17. Where did the boy go?

(A) park

(B) school

(C) kitchen

18. How is the weather?

(A) rainy

(B) sunny

(C) bright

19. How old is Albert?

(A) five

(B) seven

(C) ten

20. How does Mary feel?

(A) sick

(B) tired

(C) angry

Section II

Reading and Writing

Part A Sentence Completion
5 Questions

Part B Situational Writing
5 Questions

Part C Reading and Retelling
10 Questions

PART A Sentence Completion

DIRECTIONS: For questions 1 to 5, fill in the blanks to complete the sentences. Choose the option that BEST completes each sentence.

지시 사항: 1번부터 5번까지는 빈칸을 알맞게 채워 문장을 완성하는 문제입니다. 가장 알맞은 답을 고르세요.

1. My father ________ a newspaper in the living room.

(A) read
(B) reads
(C) is read
(D) reading

2. They speak ________ in the classroom.

(A) loud
(B) louds
(C) loudly
(D) louded

3. Tom is ________ friend.

(A) I
(B) my
(C) me
(D) mine

4. No problem. I ________ do it.

(A) is
(B) be
(C) am
(D) can

5. Wash ________ hands before meals.

(A) you
(B) your
(C) yours
(D) you're

DIRECTIONS: For questions 6 to 10, look at the pictures and complete the sentences. Choose the option that BEST completes each sentence.

지시 사항: 6번부터 10번까지는 그림을 보고 문장을 완성하는 문제입니다. 가장 알맞은 답을 고르세요.

6.

It is _________ today.

(A) foggy

(B) sunny

(C) stormy

(D) cloudy

7.

Jamie wears _________.

(A) dress

(B) watch

(C) jacket

(D) glasses

8.

They are ________.

(A) having dinner

(B) learning English

(C) washing their dishes

(D) playing a basketball game

9.

We enjoy ________.

(A) skating

(B) running

(C) sleeping

(D) swimming

10.

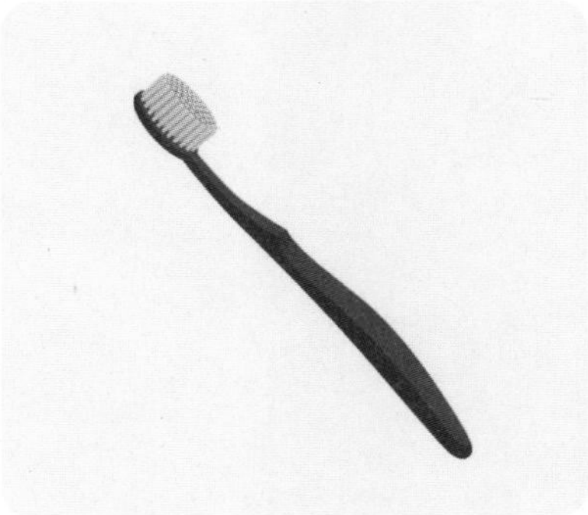

This is a ________.

(A) hairbrush

(B) toothpaste

(C) paintbrush

(D) toothbrush

PART C Reading and Retelling

DIRECTIONS: For questions 11 to 20, read the reading materials and choose the BEST answer for each question about the materials.

지시 사항: 11번부터 20번까지는 읽기 자료를 읽고, 관련된 질문에 답하는 문제입니다. 각 질문에 가장 알맞은 답을 고르세요.

QUESTIONS 11-12. Refer to the following notice.

11. Where can you most likely find this notice?

(A) a school

(B) a bookstore

(C) a supermarket

(D) a shopping mall

12. What should students NOT do in the classroom?

(A) laugh at others

(B) be friendly to others

(C) come to class on time

(D) be careful with others' stuffs

QUESTIONS 13-14. Refer to the following chart.

13. What fruit do students like most?

(A) apple

(B) grape

(C) peach

(D) banana

14. How many students like watermelons?

(A) 17

(B) 18

(C) 22

(D) 28

QUESTIONS 15-16. Refer to the following letter.

Dear Anna,

I want to see a movie with you.
I will buy tickets.
You can buy popcorn. OK?
I'll see you tomorrow
at the theater.

John

15. What will John and Anna do tomorrow?

(A) eat dinner

(B) have a party

(C) watch a movie

(D) go to the beach

16. What will Anna buy?

(A) drink

(B) popcorn

(C) ice cream

(D) movie tickets

QUESTIONS 17-18. refer to the following passage.

The clock says seven. Tom gets his socks. He will run with his friend, George. Tom gets to the park at 8 o'clock. He waits for George. In 10 minutes, George shows up. They are ready to run.

17. What are they going to do?

(A) read a book
(B) buy a present
(C) study together
(D) run at the park

18. When does Tom meet George at the park?

(A) 7:00
(B) 7:10
(C) 8:00
(D) 8:10

QUESTIONS 19-20. Refer to the following passage.

Alice goes to bed. She has a dream. In her dream, she sees elephants dancing and birds singing. She also sees zebras running and monkeys jumping. She sees lions smiling and kangaroos laughing. They make Alice happy. Now she wakes up with a big smile.

19. How many kinds of animals does Alice see in her dream?

(A) four
(B) five
(C) six
(D) seven

20. How is Alice feeling after waking up?

(A) sad
(B) angry
(C) happy
(D) hungry

Actual Test 2

Section I

Listening and Speaking

Part **A** Listen and Recognize
5 Questions

Part **B** Listen and Respond
5 Questions

Part **C** Listen and Retell
10 Questions

PART A Listen and Recognize

DIRECTIONS: For questions 1 to 5, listen to the sentence and choose the BEST picture. The sentences will be spoken **TWICE.**

지시 사항: 1번부터 5번까지는 문장을 듣고, 가장 알맞은 그림을 고르는 문제입니다. 문제는 **두 번씩** 들려줍니다.

1.

(A)

(B)

(C)

2.

(A)

(B)

(C)

3.

(A)

(B)

(C)

4.

(A)

(B)

(C)

5.

(A)

(B)

(C)

PART B Listen and Respond

DIRECTIONS: For questions 6 to 10, listen to the sentences and choose the BEST response. The sentences and choices will be spoken **TWICE**. The choices are NOT printed on your test paper.

지시 사항: 6번부터 10번까지는 문장을 듣고, 가장 알맞은 대답을 고르는 문제입니다. 문제와 보기는 **두 번씩** 들려주며 보기는 시험지에 표시되지 않습니다.

6. Mark your answer on your answer sheet.

7. Mark your answer on your answer sheet.

8. Mark your answer on your answer sheet.

9. Mark your answer on your answer sheet.

10. Mark your answer on your answer sheet.

PART C Listen and Retell

DIRECTIONS: For questions 11 to 20, listen to the short talks or conversations and choose the BEST answer for each question. The talks and conversations will be spoken **TWICE**.

지시 사항: 11번부터 20번까지는 짧은 대화나 이야기를 듣고, 주어진 질문에 가장 알맞은 답을 고르는 문제입니다. 문제는 **두 번씩** 들려줍니다.

11. What are they going to do?

(A)

(B)

(C)

12. What's wrong with the boy?

(A)

(B)

(C)

13. What is the girl going to do?

(A)

(B)

(C)

14. What does the boy like to play?

(A)

(B)

(C)

15. Where is the boy's cap?

(A)

(B)

(C)

16. What will the boy give to his sister?

(A) a doll

(B) a card

(C) a book

17. What is the girl going to do this evening?

(A) help clean the table

(B) help wash the dishes

(C) help clean the living room

18. What does the boy draw well?

(A) fish

(B) trees

(C) birds

19. What animals will the girl feed?

(A) the pigs

(B) the cows

(C) the puppies

20. What does the boy buy for his father?

(A) two eggs

(B) some bread

(C) three tomatoes

Section II

Reading and Writing

Part **A** Sentence Completion
5 Questions

Part **B** Situational Writing
5 Questions

Part **C** Reading and Retelling
10 Questions

PART A Sentence Completion

DIRECTIONS: For questions 1 to 5, fill in the blanks to complete the sentences. Choose the option that BEST completes each sentence.

지시 사항: 1번부터 5번까지는 빈칸을 알맞게 채워 문장을 완성하는 문제입니다. 가장 알맞은 답을 고르세요.

1. __________ is your name?

(A) How
(B) What
(C) When
(D) Where

2. __________ cold outside.
Wear a coat.

(A) I
(B) It
(C) Its
(D) It's

3. Dogs __________ animals.

(A) is
(B) are
(C) to be
(D) being

4. __________ I ask a question?

(A) Am
(B) Do
(C) Are
(D) Can

5. My birthday is __________ March.

(A) at
(B) on
(C) in
(D) of

PART B Situational Writing

DIRECTIONS: For questions 6 to 10, look at the pictures and complete the sentences. Choose the option that BEST completes each sentence.

지시 사항: 6번부터 10번까지는 그림을 보고 문장을 완성하는 문제입니다. 가장 알맞은 답을 고르세요.

6.

It is ___________ outside.

(A) rainy

(B) foggy

(C) snowy

(D) stormy

7.

I like ___________.

(A) playing soccer

(B) reading books

(C) listening to music

(D) washing the dishes

8.

I go home ___________.

(A) by bus

(B) by taxi

(C) on foot

(D) by subway

9.

They are ___________.

(A) in the park

(B) in the hospital

(C) in the restaurant

(D) in the swimming pool

10.

My father is ___________.

(A) a singer

(B) a doctor

(C) a teacher

(D) a policeman

PART C Reading and Retelling

DIRECTIONS: For questions 11 to 20, read the reading materials and choose the BEST answer for each question about the materials.

지시 사항: 11번부터 20번까지는 읽기 자료를 읽고, 관련된 질문에 답하는 문제입니다. 각 질문에 가장 알맞은 답을 고르세요.

QUESTIONS 11 – 12. Refer to the following schedule.

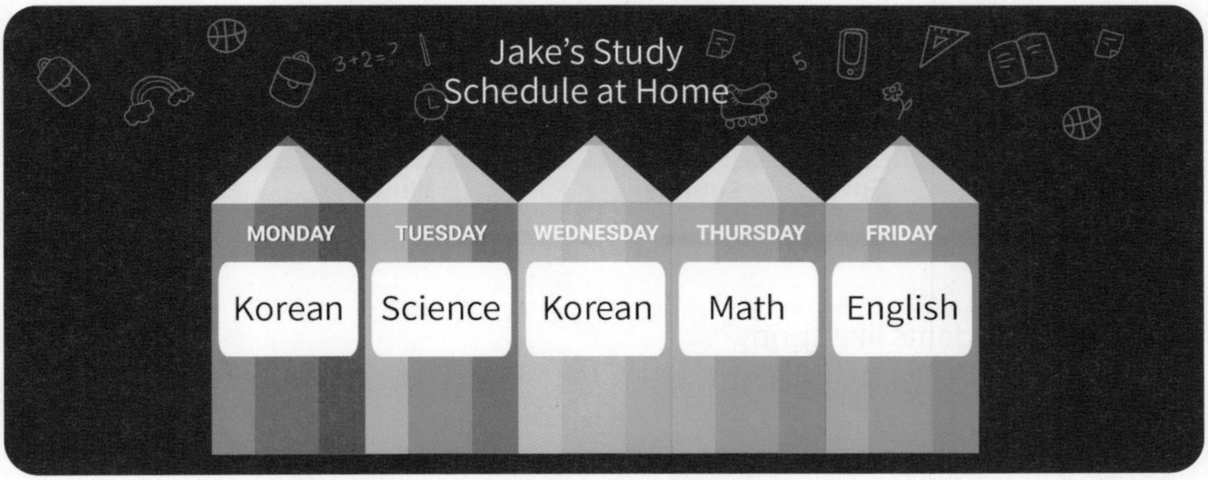

11. What does Jake study on Thursday?

(A) Math

(B) Korean

(C) Science

(D) English

12. When does Jake study English?

(A) on Monday

(B) on Tuesday

(C) on Thursday

(D) on Friday

QUESTIONS 13-14. Refer to the following chart.

13. How many students like spring?

(A) 15

(B) 20

(C) 30

(D) 35

14. Which season do the students like most?

(A) spring

(B) summer

(C) fall

(D) winter

QUESTIONS 15-16. Refer to the following chart.

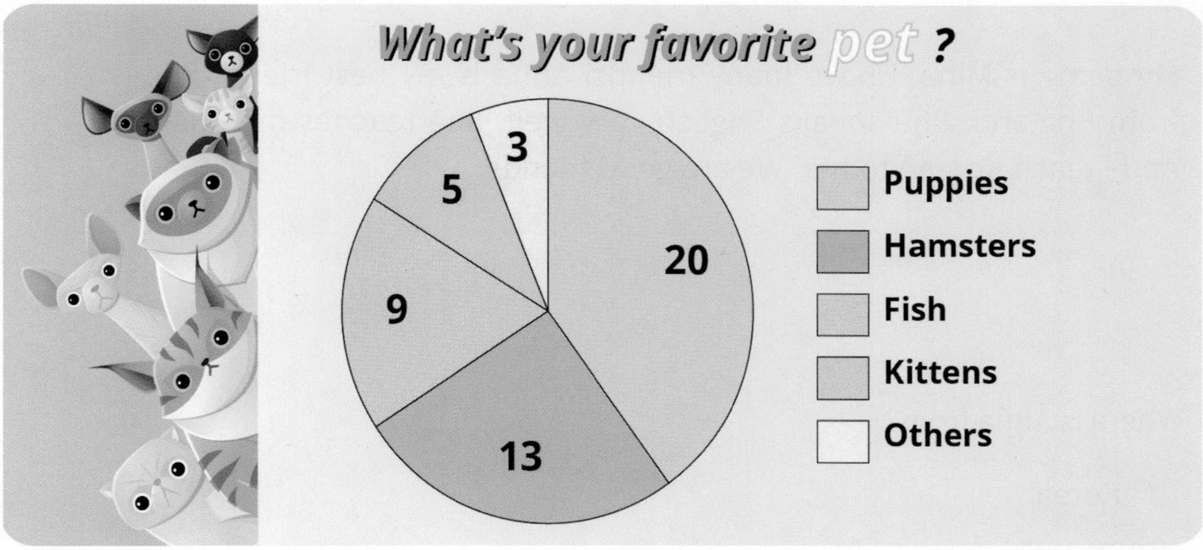

15. What kind of pet do the kids want most?

(A) fish
(B) kittens
(C) puppies
(D) hamsters

16. How many kids want fish?

(A) five
(B) nine
(C) thirteen
(D) twenty

QUESTIONS 17-18. Refer to the following passage.

My name is Mina. I have many friends. Anna is my best friend. She is from England. She speaks English very well. She teaches me English. And I teach Korean to her. We are good friends.

17. Where is Anna from?

(A) Korea

(B) Canada

(C) England

(D) The United States

18. What is NOT true?

(A) Mina's best friend is Anna.

(B) Mina teaches English to Anna.

(C) Anna speaks English very well.

(D) Anna learns Korean from Mina.

QUESTIONS 19-20. Refer to the following passage.

Bob is a 12-year-old boy. He has three uncles, Michael, David, and John. Michael is a police officer. He helps people. David is a painter. He paints pictures. John is a teacher. He loves his students. Bob is so proud of his uncles.

19. Who paints pictures?

(A) Bob
(B) John
(C) David
(D) Michael

20. Who teaches students?

(A) Bob
(B) John
(C) David
(D) Michael

Actual Test 3

Section I

Listening and Speaking

Part **A** Listen and Recognize
5 Questions

Part **B** Listen and Respond
5 Questions

Part **C** Listen and Retell
10 Questions

PART A Listen and Recognize

DIRECTIONS: For questions 1 to 5, listen to the sentence and choose the BEST picture.
The sentences will be spoken **TWICE.**

지시 사항: 1번부터 5번까지는 문장을 듣고, 가장 알맞은 그림을 고르는 문제입니다. 문제는 **두 번씩** 들려줍니다.

1.

(A)

(B)

(C)

2.

(A)

(B)

(C)

3.

(A)

(B)

(C)

4.

(A)

(B)

(C)

5.

(A)

(B)

(C)

PART B Listen and Respond

DIRECTIONS: For questions 6 to 10, listen to the sentences and choose the BEST response. The sentences and choices will be spoken **TWICE**. The choices are NOT printed on your test paper.

지시 사항: 6번부터 10번까지는 문장을 듣고, 가장 알맞은 대답을 고르는 문제입니다. 문제와 보기는 **두 번씩** 들려주며 보기는 시험지에 표시되지 않습니다.

6. Mark your answer on your answer sheet.

7. Mark your answer on your answer sheet.

8. Mark your answer on your answer sheet.

9. Mark your answer on your answer sheet.

10. Mark your answer on your answer sheet.

PART C Listen and Retell

DIRECTIONS: For questions 11 to 20, listen to the short talks or conversations and choose the BEST answer for each question. The talks and conversations will be spoken **TWICE.**

지시 사항: 11번부터 20번까지는 짧은 대화나 이야기를 듣고, 주어진 질문에 가장 알맞은 답을 고르는 문제입니다. 문제는 **두 번씩** 들려줍니다.

11. How is the weather?

(A)

(B)

(C)

12. Where are they going tomorrow?

(A)

(B)

(C)

13. Which does the boy NOT want?

(A)

(B)

(C)

14. What is the boy going to do?

(A)

(B)

(C)

15. What does the girl have?

(A)

(B)

(C)

16. How is Bill?

(A) fine

(B) well

(C) sick

17. What time does the girl go to school?

(A) at 7:00

(B) at 7:30

(C) at 8:00

18. What does the boy NOT put on?

(A) a coat

(B) a scarf

(C) mittens

19. What does Mr. Kim teach?

(A) math

(B) English

(C) science

20. What DIDN'T they see at the zoo?

(A) bears

(B) tigers

(C) monkeys

Section II

Reading and Writing

Part **A** Sentence Completion
5 Questions

Part **B** Situational Writing
5 Questions

Part **C** Reading and Retelling
10 Questions

PART A Sentence Completion

DIRECTIONS: For questions 1 to 5, fill in the blanks to complete the sentences. Choose the option that BEST completes each sentence.

지시 사항: 1번부터 5번까지는 빈칸을 알맞게 채워 문장을 완성하는 문제입니다. 가장 알맞은 답을 고르세요.

1. See __________ tomorrow.

(A) you
(B) your
(C) yours
(D) you're

2. She is swimming __________ the pool.

(A) on
(B) in
(C) under
(D) behind

3. Cats can __________ up a tree.

(A) climb
(B) climbs
(C) climbing
(D) be climb

4. __________ candy tastes sweet.

(A) This
(B) These
(C) That's
(D) Those

5. I __________ two eyes.

(A) has
(B) have
(C) having
(D) to have

DIRECTIONS: For questions 6 to 10, look at the pictures and complete the sentences. Choose the option that BEST completes each sentence.

지시 사항: 6번부터 10번까지는 그림을 보고 문장을 완성하는 문제입니다. 가장 알맞은 답을 고르세요.

6.

The boy is ____________.

(A) dry

(B) old

(C) wet

(D) fast

7.

My sister is ____________.

(A) a nurse

(B) a teacher

(C) a pianist

(D) a bus driver

8. 

He works ___________.

(A) at the zoo
(B) at the bank
(C) on the farm
(D) in the offfice

9. 

There is ___________ on the desk.

(A) a fan
(B) a cup
(C) a lamp
(D) a book

10. 

Dad is ___________ the house.

(A) drawing
(B) painting
(C) cleaning
(D) climbing

PART C Reading and Retelling

DIRECTIONS: For questions 11 to 20, read the reading materials and choose the BEST answer for each question about the materials.

지시 사항: 11번부터 20번까지는 읽기 자료를 읽고, 관련된 질문에 답하는 문제입니다. 각 질문에 가장 알맞은 답을 고르세요.

QUESTIONS 11-12. Refer to the following information.

11. How many days will be sunny this week?

(A) one

(B) two

(C) three

(D) four

12. How will the weather be on Sunday?

(A) sunny

(B) rainy

(C) windy

(D) cloudy

PART C

QUESTIONS 13-14. Refer to the following chart.

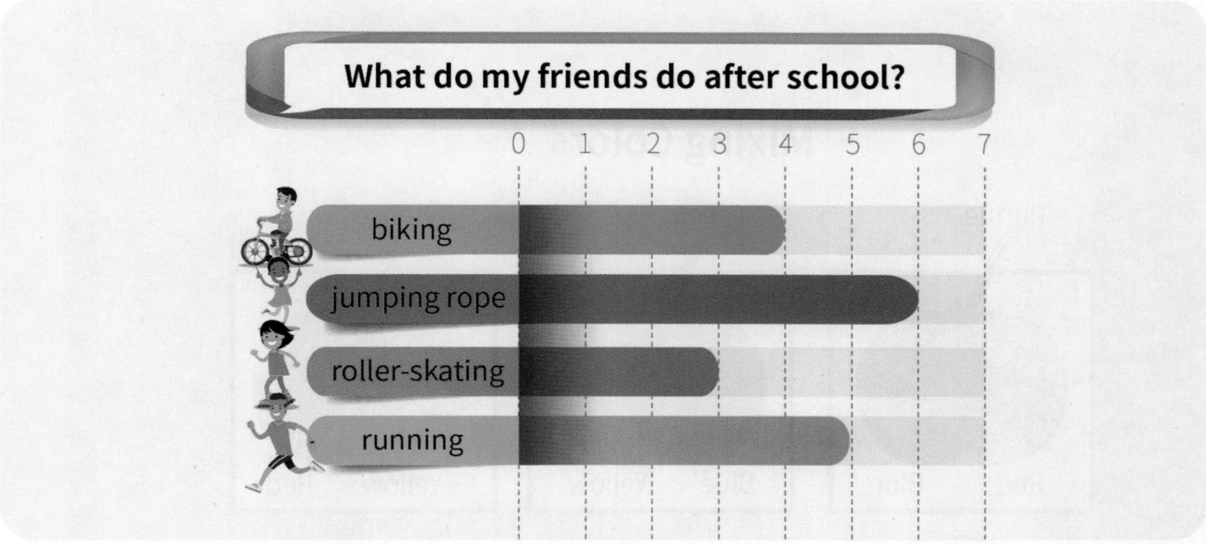

13. How many friends go roller-skating?

(A) three

(B) four

(C) five

(D) six

14. What do my friends do the most?

(A) biking

(B) running

(C) jumping rope

(D) roller-skating

QUESTIONS 15-16. Refer to the following information.

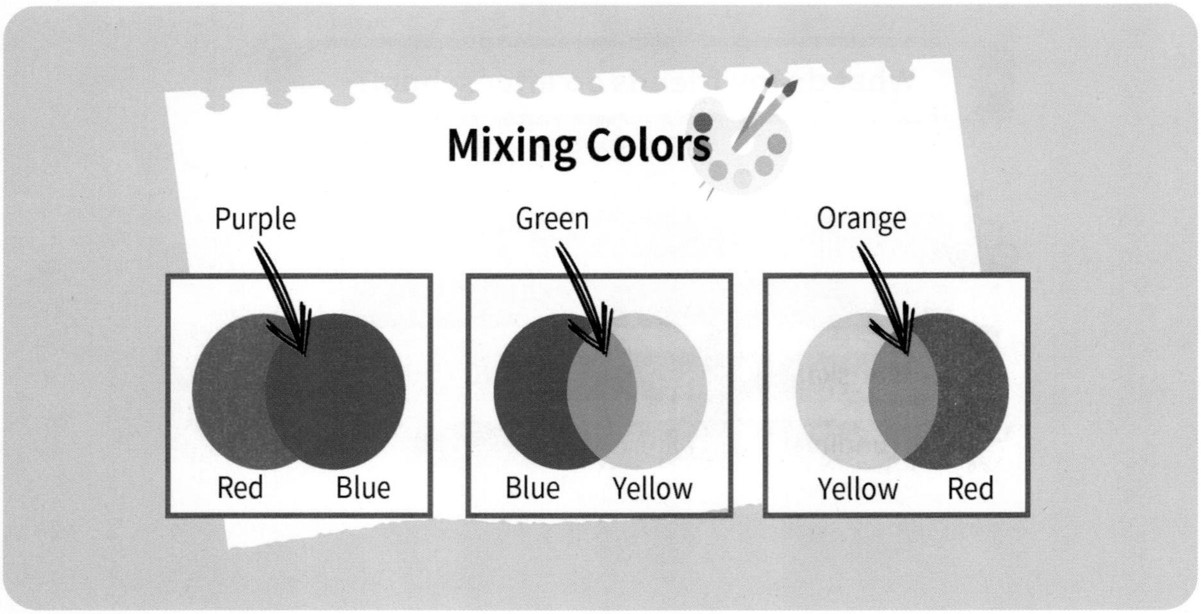

15. What color do yellow and red make?

(A) green
(B) purple
(C) brown
(D) orange

16. How can you get green?

(A) by mixing red and blue
(B) by mixing yellow and red
(C) by mixing blue and yellow
(D) by mixing green and orange

QUESTIONS 17-18. Refer to the following passage.

> I live in the hot desert. My legs are long. I walk on the hot sand. The desert is very dry. But I have a hump. The hump is on my back. I can go a long way without water.

17. What am I?

(A) a lion

(B) a zebra

(C) a camel

(D) a snake

18. How is the weather in the desert?

(A) hot

(B) cold

(C) cool

(D) warm

For questions 19-20. Refer to the following passage.

Jane and Mary are good friends. They are in the same class. Jane is good at math. She always helps Mary with math homework. Mary helps Jane with English, because it is Mary's favorite subject.

19. What is Jane good at?

(A) math

(B) English

(C) science

(D) Korean

20. What is Mary's favorite subject?

(A) math

(B) English

(C) science

(D) Korean

Actual Test 4

Section I

Listening and Speaking

Part **A** Listen and Recognize
5 Questions

Part **B** Listen and Respond
5 Questions

Part **C** Listen and Retell
10 Questions

PART A Listen and Recognize

DIRECTIONS: For questions 1 to 5, listen to the sentence and choose the BEST picture.
The sentences will be spoken **TWICE.**

지시 사항: 1번부터 5번까지는 문장을 듣고, 가장 알맞은 그림을 고르는 문제입니다. 문제는 **두 번씩** 들려줍니다.

1.

(A)

(B)

(C)

2.

(A)

(B)

(C)

3.

(A)

(B)

(C)

4.

(A)

(B)

(C)

5.

(A)

(B)

(C)

PART B Listen and Respond

DIRECTIONS: For questions 6 to 10, listen to the sentences and choose the BEST response. The sentences and choices will be spoken **TWICE**. The choices are NOT printed on your test paper.

지시 사항: 6번부터 10번까지는 문장을 듣고, 가장 알맞은 대답을 고르는 문제입니다. 문제와 보기는 **두 번씩** 들려주며 보기는 시험지에 표시되지 않습니다.

6. Mark your answer on your answer sheet.

7. Mark your answer on your answer sheet.

8. Mark your answer on your answer sheet.

9. Mark your answer on your answer sheet.

10. Mark your answer on your answer sheet.

PART C Listen and Retell

DIRECTIONS: For questions 11 to 20, listen to the short talks or conversations and choose the BEST answer for each question. The talks and conversations will be spoken **TWICE.**

지시 사항: 11번부터 20번까지는 짧은 대화나 이야기를 듣고, 주어진 질문에 가장 알맞은 답을 고르는 문제입니다. 문제는 **두 번씩** 들려줍니다.

11. What does the boy like?

(A)

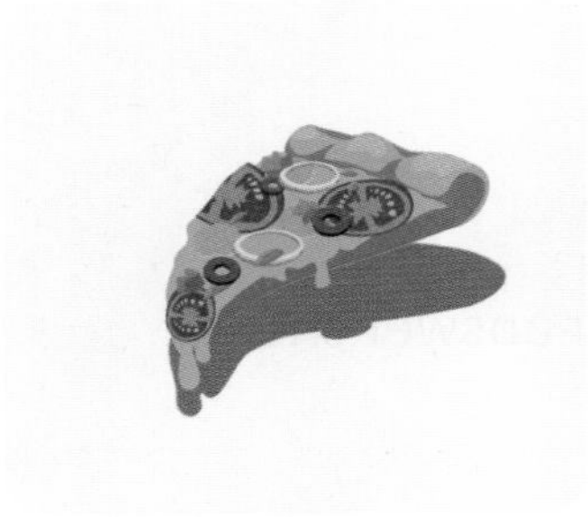

(B)

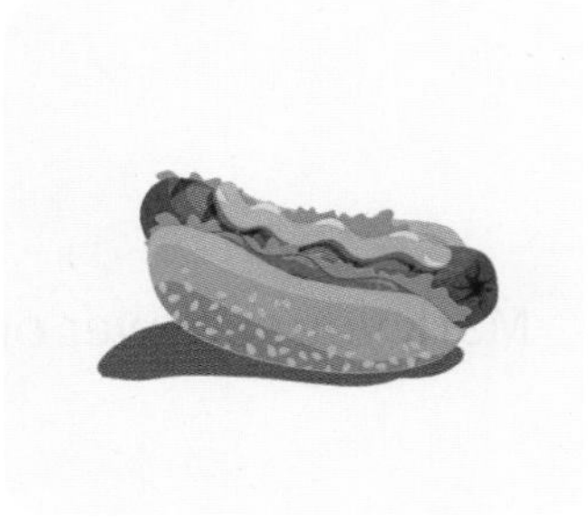

(C)

12. Where is the girl's father?

(A)

(B)

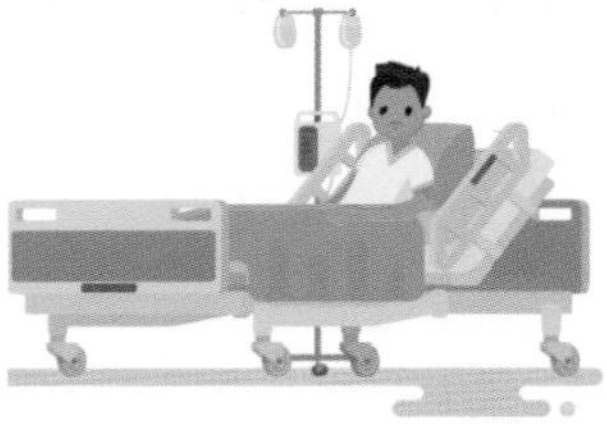

(C)

13. How is the weather?

(A)

(B)

(C)

14. What does the boy need?

(A)

(B)

(C)

15. Where is the boy going?

(A)

(B)

(C)

16. What does the boy like to do?

(A) read books
(B) play every day
(C) play with animals

17. Which flower does the girl like most?

(A) red roses
(B) pink roses
(C) white roses

18. When does the boy have piano lessons?

(A) on Mondays
(B) on Wednesdays
(C) on Fridays

19. When does summer start in Australia?

(A) in March
(B) in September
(C) in December

20. What did the boy draw for a nose?

(A) a heart
(B) a circle
(C) a triangle

Section II

Reading and Writing

Part **A** Sentence Completion
5 Questions

Part **B** Situational Writing
5 Questions

Part **C** Reading and Retelling
10 Questions

PART A Sentence Completion

DIRECTIONS: For questions 1 to 5, fill in the blanks to complete the sentences. Choose the option that BEST completes each sentence.

지시 사항: 1번부터 5번까지는 빈칸을 알맞게 채워 문장을 완성하는 문제입니다. 가장 알맞은 답을 고르세요.

1. Every morning I ________ cereal.

(A) eat
(B) eats
(C) eating
(D) to eat

2. __________ are you going?

(A) How
(B) What
(C) Where
(D) Which

3. Mary is _______ a blue skirt.

(A) wear
(B) wears
(C) wearing
(D) to wear

4. _______ cap is blue.

(A) I
(B) My
(C) Me
(D) Mine

5. It _____ cold in winter.

(A) is
(B) be
(C) are
(D) to be

PART B Situational Writing

DIRECTIONS: For questions 6 to 10, look at the pictures and complete the sentences. Choose the option that BEST completes each sentence.

지시 사항: 6번부터 10번까지는 그림을 보고 문장을 완성하는 문제입니다. 가장 알맞은 답을 고르세요.

6.

She is at the _______ section.

(A) fruits
(B) shoes
(C) clothes
(D) flowers

7.

A ________ is on the flower.

(A) fly
(B) bee
(C) bird
(D) butterfly

8.

The boy has a ________.

(A) red ball

(B) blue ball

(C) red balloon

(D) blue balloon

9.

The cat is _________ the bench.

(A) on

(B) by

(C) near

(D) under

10.

My _________ hurt.

(A) feet

(B) arms

(C) knees

(D) hands

DIRECTIONS: For questions 11 to 20, read the reading materials and choose the BEST answer for each question about the materials.

지시 사항: 11번부터 20번까지는 읽기 자료를 읽고, 관련된 질문에 답하는 문제입니다. 각 질문에 가장 알맞은 답을 고르세요.

QUESTIONS 11-12. Refer to the following chart.

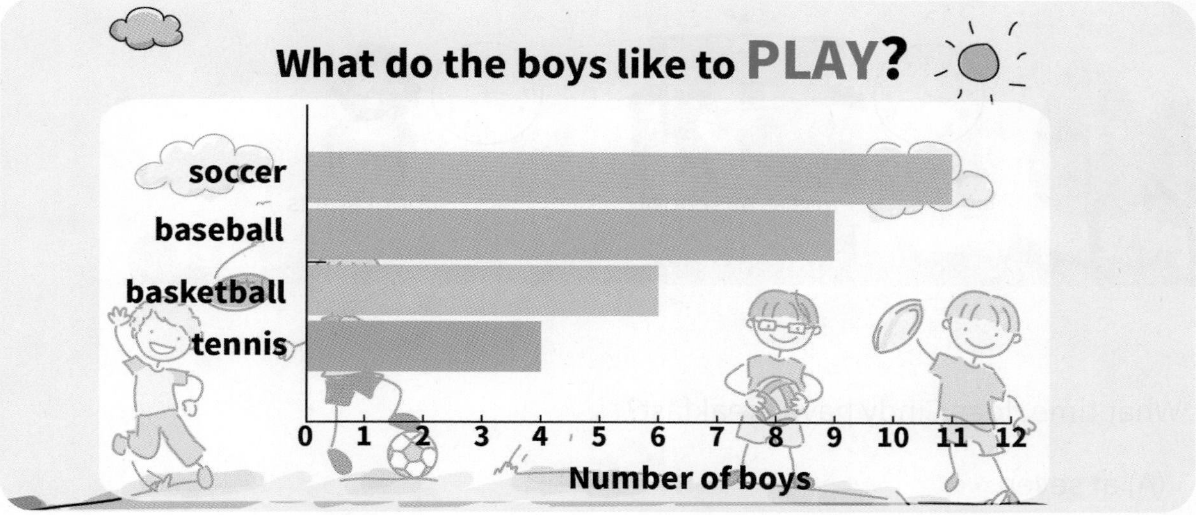

11. What do the boys like to play most?

(A) soccer

(B) tennis

(C) baseball

(D) basketball

12. How many boys like to play basketball?

(A) four

(B) six

(C) nine

(D) eleven

QUESTIONS 13-14. Refer to the following schedule.

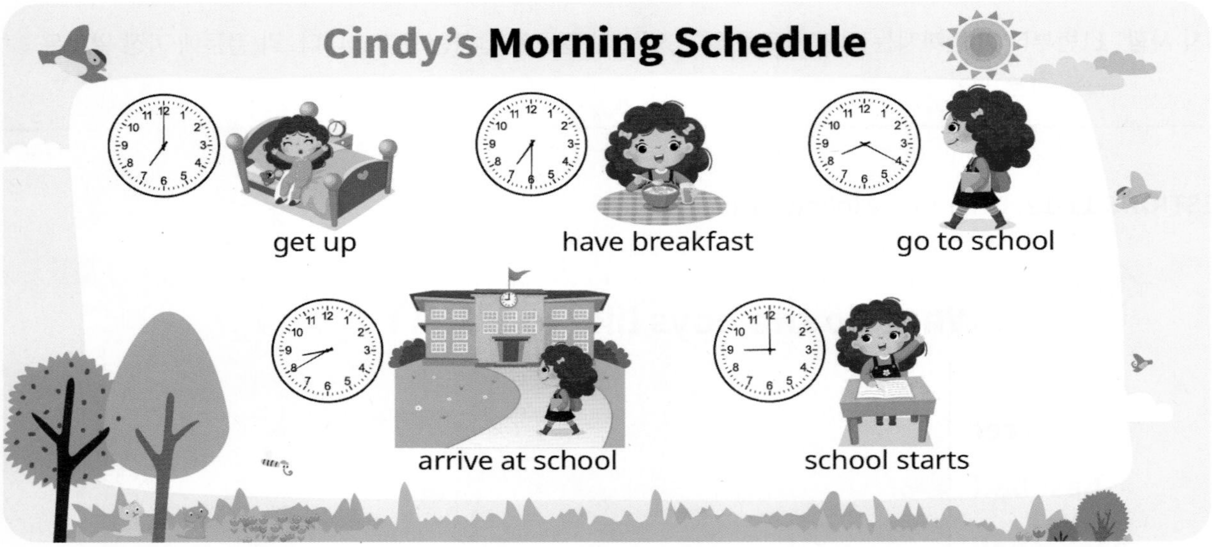

13. What time does Cindy have breakfast?

(A) at seven

(B) at seven-thirty

(C) at eight-twenty

(D) at eight-forty

14. Where is Cindy at 9:00?

(A) at home

(B) at school

(C) at the park

(D) at the bus stop

QUESTIONS 15-16. Refer to the following invitation.

15. Whose birthday is it?

(A) Jack's

(B) Sally's

(C) Jack's Mom's

(D) Jack's and Sally's

16. When is the birthday party?

(A) June 7th

(B) June 17th

(C) July 7th

(D) July 17th

QUESTIONS 17-18. Refer to the following passage.

Bill's father is a pilot. He flies to many different countries. He goes to England, France and Italy. He is in France now. He will come home in three days. Bill misses his father very much.

17. What does Bill's father do?

(A) He is a pilot.

(B) He is a doctor.

(C) He is a teacher.

(D) He is a police officer.

18. Where is Bill's father now?

(A) in Italy

(B) in China

(C) in France

(D) in England

QUESTIONS 19-20. Refer to the following passage.

Today Betty goes to her uncle's. He lives in the country. He grows many fruits. He grows apples, pears and grapes. He grows strawberries, too. Betty likes apples best. They are very delicious.

19. Where does Betty go?

(A) to her uncle's

(B) to her friend's

(C) to her teacher's

(D) to her grandma's

20. What is Betty's favorite fruit?

(A) pears

(B) apples

(C) grapes

(D) strawberries

Actual Test 5

Section I

Listening and Speaking

Part **A** Listen and Recognize
5 Questions

Part **B** Listen and Respond
5 Questions

Part **C** Listen and Retell
10 Questions

PART A Listen and Recognize

DIRECTIONS: For questions 1 to 5, listen to the sentence and choose the BEST picture. The sentences will be spoken **TWICE.**

지시 사항: 1번부터 5번까지는 문장을 듣고, 가장 알맞은 그림을 고르는 문제입니다. 문제는 **두 번씩** 들려줍니다.

1.

(A)

(B)

(C)

2.

(A)

(B)

(C)

3.

(A)

(B)

(C)

4.

(A)

(B)

(C)

5.

(A)

(B)

(C)

DIRECTIONS: For questions 6 to 10, listen to the sentences and choose the BEST response. The sentences and choices will be spoken **TWICE**. The choices are NOT printed on your test paper.

지시 사항: 6번부터 10번까지는 문장을 듣고, 가장 알맞은 대답을 고르는 문제입니다. 문제와 보기는 **두 번씩** 들려주며 보기는 시험지에 표시되지 않습니다.

6. Mark your answer on your answer sheet.

7. Mark your answer on your answer sheet.

8. Mark your answer on your answer sheet.

9. Mark your answer on your answer sheet.

10. Mark your answer on your answer sheet.

PART C Listen and Retell

DIRECTIONS: For questions 11 to 20, listen to the short talks or conversations and choose the BEST answer for each question. The talks and conversations will be spoken **TWICE.**

지시 사항: 11번부터 20번까지는 짧은 대화나 이야기를 듣고, 주어진 질문에 가장 알맞은 답을 고르는 문제입니다. 문제는 **두 번씩** 들려줍니다.

11. What does the girl keep as a pet?

(A)

(B)

(C)

12. What is the boy drawing?

(A)

(B)

(C)

13. How does the girl go to school?

(A)

(B)

(C)

14. Where is the boy?

(A)

(B)

(C)

15. Which does the boy like better?

(A)

(B)

(C)

16. What does David want to be?

(A) a vet

(B) a student

(C) a teacher

17. What is the girl's favorite animal?

(A) a lion

(B) a giraffe

(C) an elephant

18. What will the boy do this Saturday?

(A) play tennis

(B) play soccer

(C) play table tennis

19. What does the girl NOT have?

(A) flowers

(B) cookies

(C) presents

20. Where does the boy's mother work?

(A) in school

(B) in a hospital

(C) in a restaurant

Section II

Reading and Writing

Part **A** Sentence Completion
5 Questions

Part **B** Situational Writing
5 Questions

Part **C** Reading and Retelling
10 Questions

PART A Sentence Completion

DIRECTIONS: For questions 1 to 5, fill in the blanks to complete the sentences. Choose the option that BEST completes each sentence.

지시 사항: 1번부터 5번까지는 빈칸을 알맞게 채워 문장을 완성하는 문제입니다. 가장 알맞은 답을 고르세요.

1. ________ your book to page 17.

(A) Open
(B) Opens
(C) Opening
(D) To opening

2. I'm sleepy. I want to ________ to bed.

(A) go
(B) goes
(C) going
(D) am going

3. ________ you like swimming?

(A) Do
(B) Are
(C) Does
(D) Have

4. Please give ________ something to drink.

(A) I
(B) my
(C) me
(D) mine

5. ________ are you crying?

(A) How
(B) Why
(C) What
(D) Which

PART B Situational Writing

DIRECTIONS: For questions 6 to 10, look at the pictures and complete the sentences. Choose the option that BEST completes each sentence.

지시 사항: 6번부터 10번까지는 그림을 보고 문장을 완성하는 문제입니다. 가장 알맞은 답을 고르세요.

6.

The man is ________.

(A) holding the bowl
(B) washing the dishes
(C) eating the watermelon
(D) cutting the watermelon

7.

I want to be a ________.

(A) nurse
(B) pianist
(C) violinist
(D) firefighter

8.

The man on the right is ___________.

(A) writing a letter

(B) watching his phone

(C) talking on the phone

(D) reading a newspaper

9.

There ___________.

(A) is one boy

(B) are two girls

(C) are two boys

(D) are three girls

10.

It is September ________ today.

(A) fifth

(B) tenth

(C) fifteenth

(D) twentieth

PART C Reading and Retelling

DIRECTIONS: For questions 11 to 20, read the reading materials and choose the BEST answer for each question about the materials.

지시 사항: 11번부터 20번까지는 읽기 자료를 읽고, 관련된 질문에 답하는 문제입니다. 각 질문에 가장 알맞은 답을 고르세요.

QUESTIONS 11-12. Refer to the following information.

What's your pet's name?

Bobby's dog	Snoopy
Emma's cat	Choo Choo
Gina's dog	Happy
Sarah's hamster	Amber
Tom's dog	Max

11. Whose pet's name is Max?

(A) Tom's

(B) Gina's

(C) Emma's

(D) Bobby's

12. How many kids have pet dogs?

(A) two

(B) three

(C) four

(D) five

QUESTIONS 13-14. Refer to the following information.

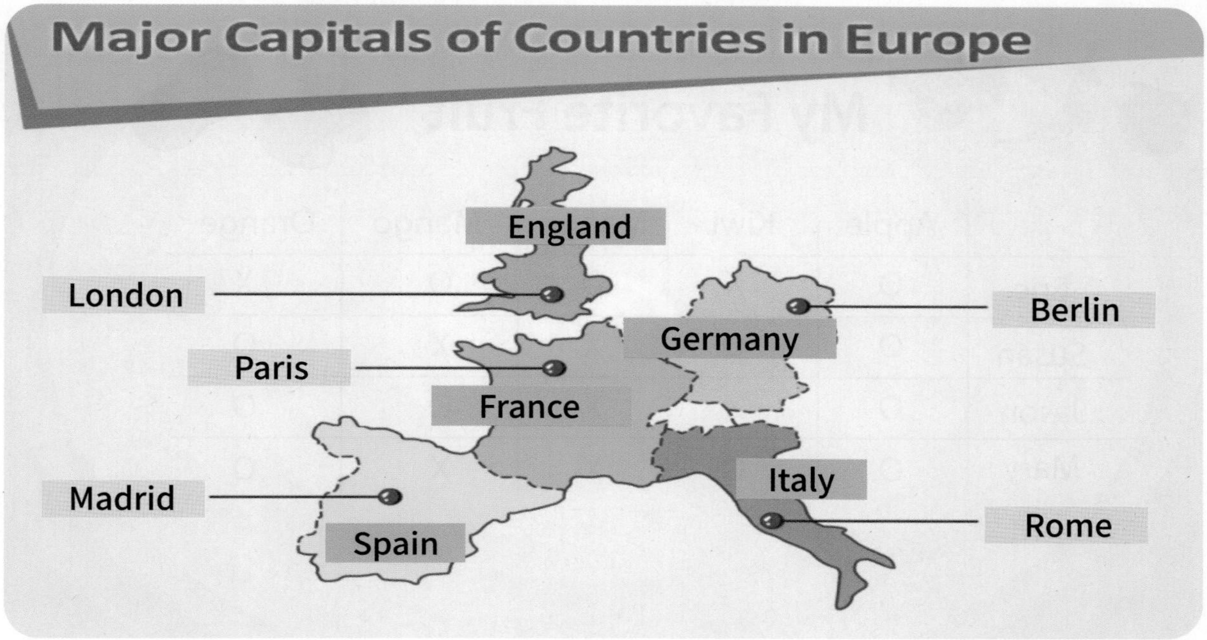

13. What is the capital of France?

(A) Paris

(B) Berlin

(C) London

(D) Madrid

14. Rome is the capital of __________.

(A) Italy

(B) Spain

(C) France

(D) England

QUESTIONS 15-16. Refer to the following chart.

My Favorite Fruit

	Apple	Kiwi	Mango	Mango	Orange
Eric	O	X	O	O	X
Susan	O	O	X	X	O
Jason	O	X	X	O	O
Mary	O	O	X	X	O

15. Which is the most popular fruit?

(A) kiwi

(B) apple

(C) mango

(D) banana

16. Who likes apples, mangos and oranges?

(A) Eric

(B) Susan

(C) Jason

(D) Mary

QUESTIONS 17-18. Refer to the following passage.

Jimmy gets up at 7:00 in the morning. He eats breakfast at 7:30 and leaves for school at 8:00. He usually has four or five classes at school. After school, he plays basketball with his friends and comes home at 3:00.

17. When does Jimmy get up in the morning?

(A) at 7:00

(B) at 7:30

(C) at 8:00

(D) at 3:00

18. How many classes does Jimmy have?

(A) two or three

(B) three or four

(C) four or five

(D) five or six

For questions 19-20. Refer to the following passage.

Today, we have a new friend in our class. Her name is Alice. Alice is from England. She is 8 years old like me. She has long blonde hair and blue eyes. She is tall and thin. I'm glad she sits next to me.

19. Where is Alice from?

(A) France

(B) America

(C) England

(D) Australia

20. What color eyes does Alice have?

(A) blue

(B) green

(C) brown

(D) blonde

Appendix

A

afternoon	n. 오후
airport	n. 공항
angry	adj. 화난
animal	n. 동물
apple	n. 사과
arm	n. 팔
Australia	n. 호주

B

baby	n. 아기
back	n. 뒤, 등
bag	n. 가방
ball	n. 공
balloon	n. 풍선
banana	n. 바나나
bank	n. 은행
baseball	n. 야구
basketball	n. 농구
bath	v. 목욕시키다
be going to	v. ~를 할 예정이다
be good at	~를 잘하다
be proud of	~을 자랑스러워하다
bear	n. 곰
beautiful	adj. 아름다운
bee	n. 벌
bench	n. 벤치
bike	v. 자전거 타다
bird	n. 새
birthday	n. 생일
birthday party	n. 생일파티
blonde hair	금발머리
blouse	n. 블라우스
blue	n. 파란색
book	n. 책
bookstore	n. 서점
borrow	v. 빌리다
bowl	n. 그릇
bread	n. 빵
breakfast	n. 아침식사
bridge	n. 다리
brown	n. 갈색
bus stop	n. 버스 정류장
butterfly	n. 나비
by	prep. ~옆에

C

candy	n. 사탕

cap	n. 모자
capital	n. 수도
carrot	n. 당근
cat	n. 고양이
cell phone	n. 휴대폰
chair	n. 의자
circle	n. 동그라미, 원
classroom	n. 교실
clean	v. 청소하다
climb	v. 오르다, 등반하다
climb up	...(위에) 오르다
clothes	n. 옷
cloudy	adj. 흐린, 구름 낀
cold	n. 감기
cold	adj. 추운
computer	n. 컴퓨터
cook	v. 요리하다
cookie	n. 쿠키
country	n. 시골
country	n. 나라
cow	n. 소
cry	v. 울다
cut	v. 자르다

D

dark	adj. 깜깜한
day	n. 하루, 날
December	n. 12월
delicious	adj. 맛있는
dentist	n. 치과의사
desert	n. 사막
desk	n. 책상
dinner	n. 저녁
doctor	n. 의사
dog	n. 개
doll	n. 인형
doughnut	n. 도넛
draw	v. 그리다
dream	n. 꿈
dress	n. 원피스
drink	n. 음료수; v. 마시다
driver	n. 운전사
dry	adj. 건조한, 마른

E

early	adv. 일찍
eat	v. 먹다
egg	n. 계란

elephant	n. 코끼리
England	n. 영국
English	n. 영어
evening	n. 저녁
every day	매일
eyes	n. 눈

F

face	n. 얼굴
fan	n. 선풍기
farm	n. 농장
fast	adj. 빠른
favorite	adj. 가장 좋아하는
feed	v. 먹이를 주다
firefighter	n. 소방관
fish	n. 물고기
flower	n. 꽃
fly	n. 파리
foggy	adj. 안개가 낀
foot	n. 발
four	넷
friend	n. 친구
friendly	adj. 친근한
fruit	n. 과일
future	n. 미래

G

get up	일어나다
gift	n. 선물
give a ride	태워 주다
glasses	n. 안경
go camping	캠핑 가다
go out	나가다
go to bed	자러 가다
goldfish	n. 금붕어
grape	n. 포도
grass	n. 잔디
green	n. 초록색
grow	v. 재배하다

H

hair	n. 머리, 머리카락
hairbrush	n. 빗
hamburger	n. 햄버거
hamster	n. 햄스터
hand	n. 손
handsome	adj. 잘생긴
have	v. 가지다
help	v. 돕다

help A with B	A가 B하는 것을 돕다
hold	v. 들다
hospital	n. 병원
hot	adj. 뜨거운
how	adv. 어떻게
hump	n. 혹
hungry	adj. 배고픈
hurt	v. 아프다

I

ice cream	n. 아이스크림

J

jacket	n. 재킷
juice	n. 주스
jump rope	줄넘기 하다
June	n. 6월

K

kangaroo	n. 캥거루
kind	adj. 착한, 친절한
kitchen	n. 주방
kitten	n. 아기 고양이
kiwi	n. 키위
knee	n. 무릎

L

learn	v. 배우다
leave	v. 떠나다
letter	n. 편지
light	n. 전등
like	v. 좋아하다
lion	n. 사자
listen	v. 듣다
little brother	n. 남동생
live	v. 살다
living room	n. 거실
long	adj. 긴
lost	adj. (물건이) 잃어버린
loudly	adv. 큰 소리로

M

major	adj. 주요한
mango	n. 망고
March	n. 3월
math	n. 수학
meal	n. 식사
miss	v. 그리워하다
mitten	n. 엄지장갑
mix	v. 섞다

monkey	n. 원숭이
morning	n. 아침
most	adv. 가장
movie	n. 영화
N	
near	adv. ~가까이
neck	n. 목
new	adj. 새로운
newspaper	n. 신문
no problem	문제 없어, 괜찮아
nose	n. 코
notice	n. 공지
nurse	n. 간호사
O	
office	n. 사무실
old	adj. 늙은
old people	어르신, 노인
on	prep. ~위에
on foot	도보
on Mondays	월요일마다
on Saturdays	토요일마다
on Wednesdays	수요일마다
one	하나

open	v. (책을) 펼치다, 펴다
outside	adj. 밖에
P	
paint	v. 페인트 칠하다
paintbrush	n. (미술용) 붓
painter	n. 화가
pants	n. 바지
park	n. 공원
peach	n. 복숭아
pear	n. 배
pencil	n. 연필
pet	n. 반려동물
phone	n. 핸드폰
pianist	n. 피아니스트
piano	n. 피아노
picture	n. 사진
pig	n. 돼지
pilot	n. 비행기 조종사
pink	n. 분홍색
pizza	n. 피자
plate	n. 접시
play	v. 놀다
play	v. 경기를 하다

police officer	n. 경찰관
policeman	n. 경찰
pool	n. 수영장
potato	n. 감자
present	n. 선물
pretty	adj. 예쁜
puppy	n. 강아지
purple	n. 보라색
put on	착용하다, 입다

R

rabbit	n. 토끼
rainbow	n. 무지개
rainy	adj. 비가 오는
read	v. 읽다
ready	adj. 준비가 된
red	n. 빨간색
restaurant	n. 식당
ride a bike	자전거를 타다
roller-skating	롤러스케이트 타기
rose	n. 장미
run	v. 달리다
running	n. 달리기

S

same	adj. 같은
sand	n. 모래
schedule	n. 시간표
school	n. 학교
school bag	n. 학교 가방
science	n. 과학
scissors	n. 가위
section	n. 구역
September	n. 9월
shoes	n. 신발
shop	n. 가게
shopping mall	n. 쇼핑몰
sick	adj. 아픈
singer	n. 가수
sister	n. 여동생, 언니, 누나
skate	n. 스케이트; v. 스케이트를 타다
ski	n. 스키
skinny	adj. 마른
skirt	n. 치마
sleep	v. 잠을 자다
sleepy	adj. 졸린
small	adj. 작은

soccer	n. 축구
socks	n. 양말
something to drink	마실 무언가
sorry	adj. 미안한
spider	n. 거미
store	n. 가게
stormy	adj. 폭풍우가 몰아치는
strawberry	n. 딸기
student	n. 학생
study	v. 공부하다
stuff	n. 물건
subject	n. 과목, 주제
subway	n. 지하철
summer	n. 여름
Sunday	n. 일요일
sunny	adj. 화창한, 맑은
supermarket	n. 슈퍼
sweet	adj. 단
swim	v. 수영하다
swimming	n. 수영
swimming pool	n. 수영장
T	
table tennis	n. 탁구
take care of	보살피다
tall	adj. 긴, 키가 큰
taste	v. ~한 맛이 나다
taxi	n. 택시
teach	v. 가르치다
teacher	n. 선생님
tennis	n. 테니스
theater	n. 극장
thin	adj. 마른
thirsty	adj. 목이 마른
thirty	삼십
today	adv. 오늘
together	adv. 같이
tomato	n. 토마토
tomorrow	adv. 내일
toothbrush	n. 칫솔
toothpaste	n. 치약
tree	n. 나무
triangle	n. 세모, 삼각형
turn off	끄다
turtle	n. 거북이
two	둘

U

uncle	n. 삼촌
under	prep. ~아래에
usually	adv. 보통

V

vet	n. 수의사
violinist	n. 바이올리니스트

W

wait	v. 기다리다
walk	v. 걷다
want	v. 원하다
wash the dishes	설거지를 하다
watch	n. 손목시계
watch	v. 보다
water	n. 물
watermelon	n. 수박
wear	v. 입다
weather	n. 날씨
weekend	n. 주말
well	adv. 잘
wet	adj. 젖은, 축축한
what	pron. 무엇을
where	adv. 어디에
which	pron. 어느
white	n. 하얀색
windy	adj. 바람 부는
winter	n. 겨울
winter vacation	n. 겨울 방학
with	prep. ~와
without	prep. ~없이
work	v. 일하다
write	v. 쓰다

Y

yellow	adj. 노란색의
yesterday	adv. 어제

Z

zebra	n. 얼룩말
zoo	n. 동물원

국제영어능력인증시험 (TOSEL)

* 연습을 위한 OMR 카드 샘플입니다.

STARTER

한글이름		감독확인	

수 험 번 호

(1)				–				–						
(2)	0	0	0		0	0	0		0	0	0	0	0	0
	1	1	1		1	1	1		1	1	1	1	1	1
	2	2	2		2	2	2		2	2	2	2	2	2
	3	3	3		3	3	3		3	3	3	3	3	3
	4	4	4	–	4	4	4	–	4	4	4	4	4	4
	5	5	5		5	5	5		5	5	5	5	5	5
	6	6	6		6	6	6		6	6	6	6	6	6
	7	7	7		7	7	7		7	7	7	7	7	7
	8	8	8		8	8	8		8	8	8	8	8	8
	9	9	9		9	9	9		9	9	9	9	9	9

주의사항

1. 수험번호 및 답안은 검은색 사인펜을 사용해서 <보기>와 같이 표기합니다.
   <보기> 바른표기 : ● 틀린표기 : ⓥ ⓧ ⊙ ◑ ◉
2. 수험번호(1)에는 아라비아 숫자로 쓰고, (2)에는 해당란에 ● 표기합니다.
3. 답안 수정은 수정 테이프로 흔적을 깨끗이 지웁니다.
4. 수험번호 및 답안 작성란 이외의 여백에 낙서를 하지 마시기 바랍니다. 이로 인한 불이익은 수험자 본인 책임입니다.
5. 마킹오류로 채점 불가능한 답안은 0점 처리되오니, 이점 유의하시기 바랍니다.

* 정기시험 OMR로 사용이 불가합니다.

SECTION Ⅰ

문항	A	B	C	D	문항	A	B	C	D
1	Ⓐ	Ⓑ	Ⓒ	Ⓓ	11	Ⓐ	Ⓑ	Ⓒ	Ⓓ
2	Ⓐ	Ⓑ	Ⓒ	Ⓓ	12	Ⓐ	Ⓑ	Ⓒ	Ⓓ
3	Ⓐ	Ⓑ	Ⓒ	Ⓓ	13	Ⓐ	Ⓑ	Ⓒ	Ⓓ
4	Ⓐ	Ⓑ	Ⓒ	Ⓓ	14	Ⓐ	Ⓑ	Ⓒ	Ⓓ
5	Ⓐ	Ⓑ	Ⓒ	Ⓓ	15	Ⓐ	Ⓑ	Ⓒ	Ⓓ
6	Ⓐ	Ⓑ	Ⓒ	Ⓓ	16	Ⓐ	Ⓑ	Ⓒ	Ⓓ
7	Ⓐ	Ⓑ	Ⓒ	Ⓓ	17	Ⓐ	Ⓑ	Ⓒ	Ⓓ
8	Ⓐ	Ⓑ	Ⓒ	Ⓓ	18	Ⓐ	Ⓑ	Ⓒ	Ⓓ
9	Ⓐ	Ⓑ	Ⓒ	Ⓓ	19	Ⓐ	Ⓑ	Ⓒ	Ⓓ
10	Ⓐ	Ⓑ	Ⓒ	Ⓓ	20	Ⓐ	Ⓑ	Ⓒ	Ⓓ

SECTION Ⅱ

문항	A	B	C	D	문항	A	B	C	D
1	Ⓐ	Ⓑ	Ⓒ	Ⓓ	11	Ⓐ	Ⓑ	Ⓒ	Ⓓ
2	Ⓐ	Ⓑ	Ⓒ	Ⓓ	12	Ⓐ	Ⓑ	Ⓒ	Ⓓ
3	Ⓐ	Ⓑ	Ⓒ	Ⓓ	13	Ⓐ	Ⓑ	Ⓒ	Ⓓ
4	Ⓐ	Ⓑ	Ⓒ	Ⓓ	14	Ⓐ	Ⓑ	Ⓒ	Ⓓ
5	Ⓐ	Ⓑ	Ⓒ	Ⓓ	15	Ⓐ	Ⓑ	Ⓒ	Ⓓ
6	Ⓐ	Ⓑ	Ⓒ	Ⓓ	16	Ⓐ	Ⓑ	Ⓒ	Ⓓ
7	Ⓐ	Ⓑ	Ⓒ	Ⓓ	17	Ⓐ	Ⓑ	Ⓒ	Ⓓ
8	Ⓐ	Ⓑ	Ⓒ	Ⓓ	18	Ⓐ	Ⓑ	Ⓒ	Ⓓ
9	Ⓐ	Ⓑ	Ⓒ	Ⓓ	19	Ⓐ	Ⓑ	Ⓒ	Ⓓ
10	Ⓐ	Ⓑ	Ⓒ	Ⓓ	20	Ⓐ	Ⓑ	Ⓒ	Ⓓ

국제토셀위원회

국제영어능력인증시험 (TOSEL)

* 연습을 위한 OMR 카드 샘플입니다.

STARTER

한글이름		감독확인	

수 험 번 호

(1)				–				–						
(2)	0	0	0	–	0	0	0	–	0	0	0	0	0	0
	1	1	1		1	1	1		1	1	1	1	1	1
	2	2	2		2	2	2		2	2	2	2	2	2
	3	3	3		3	3	3		3	3	3	3	3	3
	4	4	4		4	4	4		4	4	4	4	4	4
	5	5	5		5	5	5		5	5	5	5	5	5
	6	6	6		6	6	6		6	6	6	6	6	6
	7	7	7		7	7	7		7	7	7	7	7	7
	8	8	8		8	8	8		8	8	8	8	8	8
	9	9	9		9	9	9		9	9	9	9	9	9

주의사항

1. 수험번호 및 답안은 검은색 사인펜을 사용해서 <보기>와 같이 표기합니다.
   <보기> 바른표기 : ● 틀린표기 : ⊘ ⊗ ⊙ ◑ ◉
2. 수험번호(1)에는 아라비아 숫자로 쓰고, (2)에는 해당란에 ● 표기합니다.
3. 답안 수정은 수정 테이프로 흔적을 깨끗이 지웁니다.
4. 수험번호 및 답안 작성란 이외의 여백에 낙서를 하지 마시기 바랍니다. 이로 인한 불이익은 수험자 본인 책임입니다.
5. 마킹오류로 채점 불가능한 답안은 0점 처리되오니, 이점 유의하시기 바랍니다.

* 정기시험 OMR로 사용이 불가합니다.

SECTION Ⅰ

문항	A	B	C	D	문항	A	B	C	D
1	A	B	C	D	11	A	B	C	D
2	A	B	C	D	12	A	B	C	D
3	A	B	C	D	13	A	B	C	D
4	A	B	C	D	14	A	B	C	D
5	A	B	C	D	15	A	B	C	D
6	A	B	C	D	16	A	B	C	D
7	A	B	C	D	17	A	B	C	D
8	A	B	C	D	18	A	B	C	D
9	A	B	C	D	19	A	B	C	D
10	A	B	C	D	20	A	B	C	D

SECTION Ⅱ

문항	A	B	C	D	문항	A	B	C	D
1	A	B	C	D	11	A	B	C	D
2	A	B	C	D	12	A	B	C	D
3	A	B	C	D	13	A	B	C	D
4	A	B	C	D	14	A	B	C	D
5	A	B	C	D	15	A	B	C	D
6	A	B	C	D	16	A	B	C	D
7	A	B	C	D	17	A	B	C	D
8	A	B	C	D	18	A	B	C	D
9	A	B	C	D	19	A	B	C	D
10	A	B	C	D	20	A	B	C	D

국제토셀위원회

국제영어능력인증시험 (TOSEL)

* 연습을 위한 OMR 카드 샘플입니다.

STARTER

한글이름		감독확인	

수 험 번 호

(1)				–				–						
(2)	0	0	0	–	0	0	0	–	0	0	0	0	0	0
	1	1	1		1	1	1		1	1	1	1	1	1
	2	2	2		2	2	2		2	2	2	2	2	2
	3	3	3		3	3	3		3	3	3	3	3	3
	4	4	4		4	4	4		4	4	4	4	4	4
	5	5	5		5	5	5		5	5	5	5	5	5
	6	6	6		6	6	6		6	6	6	6	6	6
	7	7	7		7	7	7		7	7	7	7	7	7
	8	8	8		8	8	8		8	8	8	8	8	8
	9	9	9		9	9	9		9	9	9	9	9	9

주 의 사 항

1. 수험번호 및 답안은 검은색 사인펜을 사용해서 〈보기〉와 같이 표기합니다.
   〈보기〉 바른표기 : ● 틀린표기 : ✓ ⊗ ⊙ ◑ ◎
2. 수험번호(1)에는 아라비아 숫자로 쓰고, (2)에는 해당란에 ● 표기합니다.
3. 답안 수정은 수정 테이프로 흔적을 깨끗이 지웁니다.
4. 수험번호 및 답안 작성란 이외의 여백에 낙서를 하지 마시기 바랍니다. 이로 인한 불이익은 수험자 본인 책임입니다.
5. 마킹오류로 채점 불가능한 답안은 0점 처리되오니, 이점 유의하시기 바랍니다.

SECTION Ⅰ

문항	A	B	C	D	문항	A	B	C	D
1	A	B	C	D	11	A	B	C	D
2	A	B	C	D	12	A	B	C	D
3	A	B	C	D	13	A	B	C	D
4	A	B	C	D	14	A	B	C	D
5	A	B	C	D	15	A	B	C	D
6	A	B	C	D	16	A	B	C	D
7	A	B	C	D	17	A	B	C	D
8	A	B	C	D	18	A	B	C	D
9	A	B	C	D	19	A	B	C	D
10	A	B	C	D	20	A	B	C	D

SECTION Ⅱ

문항	A	B	C	D	문항	A	B	C	D
1	A	B	C	D	11	A	B	C	D
2	A	B	C	D	12	A	B	C	D
3	A	B	C	D	13	A	B	C	D
4	A	B	C	D	14	A	B	C	D
5	A	B	C	D	15	A	B	C	D
6	A	B	C	D	16	A	B	C	D
7	A	B	C	D	17	A	B	C	D
8	A	B	C	D	18	A	B	C	D
9	A	B	C	D	19	A	B	C	D
10	A	B	C	D	20	A	B	C	D

* 정기시험 OMR로 사용이 불가합니다.

국제토셀위원회

국제영어능력인증시험 (TOSEL)

* 연습을 위한 OMR 카드 샘플입니다.

STARTER	한글이름		감독확인	

수 험 번 호

				–				–						
(1)				–				–						
(2)	0	0	0	–	0	0	0	–	0	0	0	0	0	0
	1	1	1		1	1	1		1	1	1	1	1	1
	2	2	2		2	2	2		2	2	2	2	2	2
	3	3	3		3	3	3		3	3	3	3	3	3
	4	4	4		4	4	4		4	4	4	4	4	4
	5	5	5		5	5	5		5	5	5	5	5	5
	6	6	6		6	6	6		6	6	6	6	6	6
	7	7	7		7	7	7		7	7	7	7	7	7
	8	8	8		8	8	8		8	8	8	8	8	8
	9	9	9		9	9	9		9	9	9	9	9	9

주 의 사 항

1. 수험번호 및 답안은 검은색 사인펜을 사용해서 〈보기〉와 같이 표기합니다.
   〈보기〉 바른표기 : ● 틀린표기 : ⓥ ⓧ ⊙ ◑ ◉
2. 수험번호(1)에는 아라비아 숫자로 쓰고, (2)에는 해당란에 ● 표기합니다.
3. 답안 수정은 수정 테이프로 흔적을 깨끗이 지웁니다.
4. 수험번호 및 답안 작성란 이외의 여백에 낙서를 하지 마시기 바랍니다. 이로 인한 불이익은 수험자 본인 책임입니다.
5. 마킹오류로 채점 불가능한 답안은 0점 처리되오니, 이점 유의하시기 바랍니다.

* 정기시험 OMR로 사용이 불가합니다.

SECTION Ⅰ

문항	A	B	C	D	문항	A	B	C	D
1	Ⓐ	Ⓑ	Ⓒ	Ⓓ	11	Ⓐ	Ⓑ	Ⓒ	Ⓓ
2	Ⓐ	Ⓑ	Ⓒ	Ⓓ	12	Ⓐ	Ⓑ	Ⓒ	Ⓓ
3	Ⓐ	Ⓑ	Ⓒ	Ⓓ	13	Ⓐ	Ⓑ	Ⓒ	Ⓓ
4	Ⓐ	Ⓑ	Ⓒ	Ⓓ	14	Ⓐ	Ⓑ	Ⓒ	Ⓓ
5	Ⓐ	Ⓑ	Ⓒ	Ⓓ	15	Ⓐ	Ⓑ	Ⓒ	Ⓓ
6	Ⓐ	Ⓑ	Ⓒ	Ⓓ	16	Ⓐ	Ⓑ	Ⓒ	Ⓓ
7	Ⓐ	Ⓑ	Ⓒ	Ⓓ	17	Ⓐ	Ⓑ	Ⓒ	Ⓓ
8	Ⓐ	Ⓑ	Ⓒ	Ⓓ	18	Ⓐ	Ⓑ	Ⓒ	Ⓓ
9	Ⓐ	Ⓑ	Ⓒ	Ⓓ	19	Ⓐ	Ⓑ	Ⓒ	Ⓓ
10	Ⓐ	Ⓑ	Ⓒ	Ⓓ	20	Ⓐ	Ⓑ	Ⓒ	Ⓓ

SECTION Ⅱ

문항	A	B	C	D	문항	A	B	C	D
1	Ⓐ	Ⓑ	Ⓒ	Ⓓ	11	Ⓐ	Ⓑ	Ⓒ	Ⓓ
2	Ⓐ	Ⓑ	Ⓒ	Ⓓ	12	Ⓐ	Ⓑ	Ⓒ	Ⓓ
3	Ⓐ	Ⓑ	Ⓒ	Ⓓ	13	Ⓐ	Ⓑ	Ⓒ	Ⓓ
4	Ⓐ	Ⓑ	Ⓒ	Ⓓ	14	Ⓐ	Ⓑ	Ⓒ	Ⓓ
5	Ⓐ	Ⓑ	Ⓒ	Ⓓ	15	Ⓐ	Ⓑ	Ⓒ	Ⓓ
6	Ⓐ	Ⓑ	Ⓒ	Ⓓ	16	Ⓐ	Ⓑ	Ⓒ	Ⓓ
7	Ⓐ	Ⓑ	Ⓒ	Ⓓ	17	Ⓐ	Ⓑ	Ⓒ	Ⓓ
8	Ⓐ	Ⓑ	Ⓒ	Ⓓ	18	Ⓐ	Ⓑ	Ⓒ	Ⓓ
9	Ⓐ	Ⓑ	Ⓒ	Ⓓ	19	Ⓐ	Ⓑ	Ⓒ	Ⓓ
10	Ⓐ	Ⓑ	Ⓒ	Ⓓ	20	Ⓐ	Ⓑ	Ⓒ	Ⓓ

국제토셀위원회

국제영어능력인증시험 (TOSEL)

* 연습을 위한 OMR 카드 샘플입니다.

STARTER	한글이름		감독확인	

수 험 번 호

				–				–						
(1)				–				–						
(2)	0	0	0	–	0	0	0	–	0	0	0	0	0	0
	1	1	1		1	1	1		1	1	1	1	1	1
	2	2	2		2	2	2		2	2	2	2	2	2
	3	3	3		3	3	3		3	3	3	3	3	3
	4	4	4		4	4	4		4	4	4	4	4	4
	5	5	5		5	5	5		5	5	5	5	5	5
	6	6	6		6	6	6		6	6	6	6	6	6
	7	7	7		7	7	7		7	7	7	7	7	7
	8	8	8		8	8	8		8	8	8	8	8	8
	9	9	9		9	9	9		9	9	9	9	9	9

주 의 사 항

1. 수험번호 및 답안은 검은색 사인펜을 사용해서 <보기>와 같이 표기합니다.
   <보기> 바른표기 : ● 틀린표기 : ⓥ ⓧ ⊙ ◐ ◉
2. 수험번호(1)에는 아라비아 숫자로 쓰고, (2)에는 해당란에 ● 표기합니다.
3. 답안 수정은 수정 테이프로 흔적을 깨끗이 지웁니다.
4. 수험번호 및 답안 작성란 이외의 여백에 낙서를 하지 마시기 바랍니다. 이로 인한 불이익은 수험자 본인 책임입니다.
5. 마킹오류로 채점 불가능한 답안은 0점 처리되오니, 이점 유의하시기 바랍니다.

* 정기시험 OMR로 사용이 불가합니다.

SECTION Ⅰ

문항	A	B	C	D	문항	A	B	C	D
1	Ⓐ	Ⓑ	Ⓒ	Ⓓ	11	Ⓐ	Ⓑ	Ⓒ	Ⓓ
2	Ⓐ	Ⓑ	Ⓒ	Ⓓ	12	Ⓐ	Ⓑ	Ⓒ	Ⓓ
3	Ⓐ	Ⓑ	Ⓒ	Ⓓ	13	Ⓐ	Ⓑ	Ⓒ	Ⓓ
4	Ⓐ	Ⓑ	Ⓒ	Ⓓ	14	Ⓐ	Ⓑ	Ⓒ	Ⓓ
5	Ⓐ	Ⓑ	Ⓒ	Ⓓ	15	Ⓐ	Ⓑ	Ⓒ	Ⓓ
6	Ⓐ	Ⓑ	Ⓒ	Ⓓ	16	Ⓐ	Ⓑ	Ⓒ	Ⓓ
7	Ⓐ	Ⓑ	Ⓒ	Ⓓ	17	Ⓐ	Ⓑ	Ⓒ	Ⓓ
8	Ⓐ	Ⓑ	Ⓒ	Ⓓ	18	Ⓐ	Ⓑ	Ⓒ	Ⓓ
9	Ⓐ	Ⓑ	Ⓒ	Ⓓ	19	Ⓐ	Ⓑ	Ⓒ	Ⓓ
10	Ⓐ	Ⓑ	Ⓒ	Ⓓ	20	Ⓐ	Ⓑ	Ⓒ	Ⓓ

SECTION Ⅱ

문항	A	B	C	D	문항	A	B	C	D
1	Ⓐ	Ⓑ	Ⓒ	Ⓓ	11	Ⓐ	Ⓑ	Ⓒ	Ⓓ
2	Ⓐ	Ⓑ	Ⓒ	Ⓓ	12	Ⓐ	Ⓑ	Ⓒ	Ⓓ
3	Ⓐ	Ⓑ	Ⓒ	Ⓓ	13	Ⓐ	Ⓑ	Ⓒ	Ⓓ
4	Ⓐ	Ⓑ	Ⓒ	Ⓓ	14	Ⓐ	Ⓑ	Ⓒ	Ⓓ
5	Ⓐ	Ⓑ	Ⓒ	Ⓓ	15	Ⓐ	Ⓑ	Ⓒ	Ⓓ
6	Ⓐ	Ⓑ	Ⓒ	Ⓓ	16	Ⓐ	Ⓑ	Ⓒ	Ⓓ
7	Ⓐ	Ⓑ	Ⓒ	Ⓓ	17	Ⓐ	Ⓑ	Ⓒ	Ⓓ
8	Ⓐ	Ⓑ	Ⓒ	Ⓓ	18	Ⓐ	Ⓑ	Ⓒ	Ⓓ
9	Ⓐ	Ⓑ	Ⓒ	Ⓓ	19	Ⓐ	Ⓑ	Ⓒ	Ⓓ
10	Ⓐ	Ⓑ	Ⓒ	Ⓓ	20	Ⓐ	Ⓑ	Ⓒ	Ⓓ

국제토셀위원회

Reading Series

내신과 **토셀 고득점**을 한꺼번에

Pre-Starter | Starter | Basic | Junior | High-Junior

- 각 단원 학습 도입부에 주제와 관련된 이미지를 통한 말하기 연습
- 각 Unit 별 4-6개의 목표 단어 제시, 그림 또는 영문으로 단어 뜻을 제공하여 독해 학습 전 단어 숙지
- 독해&실용문 연습을 위한 지문과 Comprehension 문항을 10개씩 수록하여 이해도 확인 및 진단
- 숙지한 독해 지문을 원어민 음성으로 들으며 듣기 학습 , 듣기 전, 듣기 중, 듣기 후 학습 커리큘럼 마련

Listening Series

한국 학생들에게 최적화된 듣기 실력 완성!

Pre-Starter | Starter | Basic | Junior | High-Junior

- 초등 / 중등 교과과정 연계 말하기&듣기 학습과 세분화된 레벨
- TOSEL 기출 문장과 실생활에 자주 활용되는 문장 패턴을 통해 듣기 및 말하기 학습
- 실제 TOSEL 지문의 예문을 활용한 실용적 학습 제공
- 실전 감각 향상과 점검을 위한 기출 문제 수록

Speaking Series

한국 학생들에게 최적화된 말하기 실력 완성!

Pre-Starter | Starter | Basic | Junior | High-Junior

- 단어 → 문법 → 표현 → 대화로 이어지는 단계적인 학습
- 교과과정에 연계한 설계로 내신과 수행평가 완벽 대비
- 최신 수능 출제 문항을 반영한 문장으로 수능 대비까지
- 전국 Speaking 올림피아드 공식 대비 교재

Grammar Series

체계적인 단계별 **문법 지침서**

Pre-Starter | Starter | Basic | Junior | High-Junior

- 초등 / 중등 교과과정 연계 문법 학습과 세분화된 레벨
- TOSEL 기출 문제 연습과 최신 수능 출제 문법을 포함하여 수능 / 내신 대비 가능
- 이해하기 쉬운 그림, 깔끔하게 정리된 표와 설명, 다양한 문제를 통해 문법 학습
- 실전 감각 향상과 점검을 위한 기출 문제 수록

Voca Series

학년별 꼭 알아야하는 **단어 수록!**

Pre-Starter | Starter | Basic | Junior | High-Junior

- 각 단어 학습 도입부에 주제와 관련된 이미지를 통한 말하기 연습
- TOSEL 시험을 기준으로 빈출 지표를 활용한 예문과 문제 구성
- 실제 TOSEL 지문의 예문을 활용한 실용적 학습 제공
- 실전 감각 향상과 점검을 위한 실전 문제 수록

Story Series

읽는 재미에 실력까지 **동시에!**

Pre-Starter | Starter | Basic | Junior

- 초등 / 중등 교과과정 연계 영어 학습과 세분화된 레벨
- 이야기 지문과 단어를 함께 연결지어 학생들의 독해 능력을 평가
- 이해하기 쉬운 그림, 깔끔하게 정리된 표와 설명, 다양한 문제, 재미있는 스토리를 통한 독해 학습
- 다양한 단계의 문항을 풀어보고 학생들의 읽기, 듣기, 쓰기, 말하기 실력을 집중적으로 향상

TOSEL Lab 에는 어떤 콘텐츠가 있나요?

진단 맞춤형 레벨테스트로 정확한 평가 제공

응시자 빅데이터 분석에 기반한 테스트로 신규 상담 학생의 영어능력을 정확하게 진단하고 효과적인 영어 교육을 실시하기 위한 객관적인 가이드라인을 제공합니다.

교재 세분화된 레벨로 실력에 맞는 학습 제공

TOSEL의 세분화된 교재 레벨은 각 연령에 맞는 어휘와 읽기 지능 및 교과 과정과의 연계가 가능하도록 설계된 교재들로 효과적인 학습 커리큘럼을 제공합니다.

학습 다양한 교재연계 콘텐츠로 효과적인 자기주도학습

TOSEL 시험을 대비한 다양한 콘텐츠를 제공해 영어 학습에 시너지 효과를 기대할 수 있으며, 학생들의 자기주도 학습 습관을 더 탄탄하게 키울 수 있습니다.

교재를 100% 활용하는 TOSEL Lab 지정교육기관의 노하우!

Teaching Materials

TOSEL에서 제공하는 수업 자료로
교재 학습을 더욱 효과적으로 진행!

Study Content

철저한 자기주도학습 콘텐츠로
교재 수업 후 효과적인 복습!

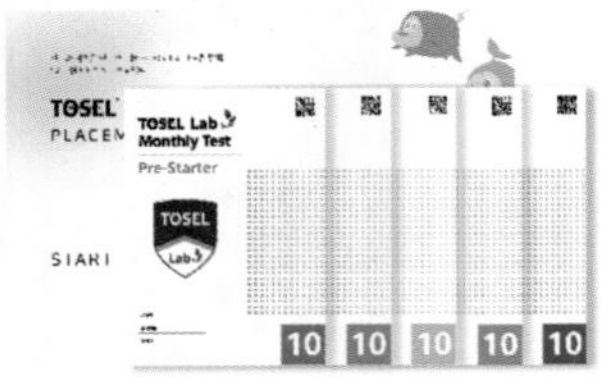

Test Content

교재 학습과 더불어 학생 맞춤형
시험으로 실력 점검 및 향상

100만 명으로 엄선된 **TOSEL**
성적 데이터로 탄생!

TOSEL Lab 지정교육기관을 위한 콘텐츠로
더욱 효과적인 수업을 경험하세요.

국제토셀위원회는 TOSEL Lab 지정교육기관에서 교재로 수업하는 학원을 위해 교재를 잘 활용할 수 있는 다양한 콘텐츠를 제공 및 지원합니다.

TOSEL Lab 지정교육기관은

국제토셀위원회 직속 TOSEL연구소에서 20년 동안 보유해온 전국 15,000여 개 교육기관 토셀 응시자들의 영어성적 분석데이터를 공유받아, 통계를 기반으로 한 전문적이고 과학적인 커리큘럼을 설계하고, 영어학습 방향을 제시하여, 경쟁력있는 기관, 잘 가르치는 기관으로 해당 지역에서 입지를 다지게 됩니다.

TOSEL Lab 지정교육기관으로 선정되기 위해서는
소정의 **심사 절차**가 수반됩니다.

TOSEL Lab 심사신청

국제토셀위원회

TOSEL 실전문제집 2

STARTER

정답 및 해설

ITC 국제토셀위원회

TOSEL® 실전문제집 2

STARTER

정답 및 해설

실전 1회

Section I Listening and Speaking

1 (A)	2 (B)	3 (A)	4 (C)	5 (C)
6 (A)	7 (C)	8 (B)	9 (A)	10 (B)
11 (B)	12 (C)	13 (B)	14 (B)	15 (C)
16 (C)	17 (A)	18 (A)	19 (C)	20 (B)

Section II Reading and Writing

1 (B)	2 (C)	3 (B)	4 (D)	5 (B)
6 (B)	7 (D)	8 (A)	9 (B)	10 (D)
11 (A)	12 (A)	13 (D)	14 (A)	15 (C)
16 (B)	17 (D)	18 (D)	19 (C)	20 (C)

SECTION I LISTENING AND SPEAKING

Part A. Listen and Recognize (p.14)

1. Girl: I don't like carrots.
정답 (A)
해석 소녀: 나는 당근을 안 좋아한다.
풀이 소녀가 당근을 안 좋아한다고 했으므로 얼굴을 찡그리며 당근을 안 먹고 있는 그림 (A)가 정답이다.
Words and Phrases like 좋아하다 | carrot 당근

2. Boy: John can swim very well.
정답 (B)
해석 소년: John은 수영을 매우 잘할 수 있다.
풀이 소년이 John은 수영을 매우 잘할 수 있다고 했으므로 수영을 하고 있는 그림 (B)가 정답이다.
Words and Phrases swim 수영하다 | well 잘

3. Girl: This is my picture.
정답 (A)
해석 소녀: 이것은 나의 사진이다.
풀이 소녀가 본인의 사진이라고 했으므로 소녀의 사진이 나오는 그림 (A)가 정답이다.
Words and Phrases picture 사진

4. Boy: There is a cat on the chair.
정답 (C)
해석 소년: 그 의자 위에 고양이가 있다.
풀이 소년이 의자 위에 고양이가 있다고 했으므로 의자 위 고양이가 있는 그림 (C)가 정답이다.
Words and Phrases cat 고양이 | chair 의자

5. Girl: My hair is long.
정답 (C)
해석 소녀: 내 머리는 길다.
풀이 소녀가 머리가 길다고 했으므로 긴 머리 소녀가 나오는 그림 (C)가 정답이다.
Words and Phrases hair 머리 | long 긴

Part B. Listen and Respond (p.16)

6. Boy: How many rabbits are there?
Girl: __________
(A) There are four.
(B) I want two rabbits.
(C) They are very pretty.
해석 소년: 몇 마리의 토끼가 있니?
소녀: __________
(A) 네 마리가 있어.
(B) 나는 토끼 두 마리를 가지고 싶어.
(C) 그것들은 매우 예쁘다.
풀이 'How many'로 시작하여 몇 마리의 토끼가 있는지에 대해 묻고 있고, 이에 대해 숫자로 네 마리가 있다고 대답한 (A)가 정답이다.
Words and Phrases rabbit 토끼 | four 넷 | want 원하다 | pretty 예쁜

7. Girl: I'm so thirsty!
Boy: __________
(A) Get a jacket.
(B) Have some doughnuts.
(C) Here is some juice.
해석 소녀: 나 너무 목이 말라!
소년: __________
(A) 재킷을 가져와.
(B) 도넛들 좀 먹어.
(C) 여기 주스가 조금 있어.
풀이 '내가 너무 목이 마르다'는 말에 대해 'Here is some juice(여기 주스가 좀 있어)'라고 대답한 (C)가 정답이다.
Words and Phrases thirsty 목이 마른 | jacket 재킷 | doughnut 도넛 | juice 주스

8. Boy: Is she skinny?
Girl: __________
(A) No, she's pretty.
(B) Yes, she is.
(C) She's very kind.
해석 소년: 그녀는 말랐어?
소녀: __________
(A) 아니, 그녀는 예뻐.
(B) 응, 맞아.
(C) 그녀는 매우 친절해.
풀이 'Is she~?'로 시작하여 그녀가 날씬하냐는 질문에 대한 적절한 대답은 "Yes, she is." 이므로 (B)가 정답이다.

Words and Phrases skinny 마른 | pretty 예쁜 | kind 친절한

9. Girl: Look at that rainbow!
Boy: ______________
(A) It's beautiful!
(B) I had a good time.
(C) How fast!

해석 소녀: 저 무지개를 봐!
소년: ________________
(A) 그것은 아름답다!
(B) 나는 좋은 시간을 보냈어.
(C) 정말 빠르다!

풀이 무지개를 보라는 말에 대해 그것이 아름답다고 대답한 (A)가 정답이다.

Words and Phrases rainbow 무지개 | beautiful 아름다운 | fast 빠른

10. Boy: Why are you crying?
Girl: ______________
(A) I'm reading a book.
(B) I lost my puppy.
(C) I'm sleepy.

해석 소년: 너는 왜 울고 있니?
소녀: ________________
(A) 나는 책을 읽는 중이야.
(B) 나의 강아지를 잃어버렸어.
(C) 나는 졸려.

풀이 소년이 소녀에게 왜 울고 있냐고 물어봤기 때문에 울고 있는 이유에 대하여 대답한 (B)가 정답이다.

Words and Phrases lost (물건이) 잃어버린

Part C. Listen and Retell (p.17)

11. Boy: Let's go see a movie.
Girl: Sure!
Question: Where do they want to go?

정답 (B)

해석 소년: 우리 같이 영화 보자.
소녀: 좋아!
질문: 그들은 어디를 가고 싶어 하는가?

풀이 소년이 영화 보러 가자고 제안하였고 소녀가 좋다고 했으므로 영화관 그림인 (B)가 정답이다.

Words and Phrases movie 영화 | want 원하다

12. Girl: What do you do in winter vacation?
Boy: I go skating and skiing.
Question: What does the boy do in winter vacation?

정답 (C)

해석 소녀: 너는 겨울방학 동안 무엇을 하니?
소년: 나는 스케이트랑 스키를 타러 가.
질문: 소년이 겨울 방학 동안 무엇을 할 것인가?

풀이 소년은 겨울 방학 동안 스케이트와 스키를 타러 간다고 했으므로 스케이트를 타고 있는 그림인 (C)가 정답이다.

Words and Phrases winter vacation 겨울 방학 | skate 스케이트 | ski 스키

13. Boy: Do you have any scissors?
Girl: Sure, they are in my school bag.
Question: What does the boy need?

정답 (B)

해석 소년: 너 가위 있니?
소녀: 당연하지, 내 학교 가방 안에 있어.
질문: 소년이 필요한 것은 무엇인가?

풀이 소년이 소녀에게 가위가 있냐고 물어봤으므로 소년이 필요한 가위의 그림 (B)가 정답이다.

Words and Phrases scissors 가위 | school bag 학교 가방

14. Girl: Who's the girl with a yellow blouse?
Boy: That's Amy. She's eating an ice cream.
Question: Who is Amy?

정답 (B)

해석 소녀: 노란색 블라우스를 입고 있는 여자아이 누구야?
소년: 그건 Amy야. 그녀는 아이스크림을 먹고 있어.
질문: 누가 Amy인가?

풀이 소녀가 노란색 블라우스 입고 있는 여자아이가 누구냐고 질문했고 소년이 그녀가 Amy라고 했다. 또한 그녀는 아이스크림을 먹고 있다고 했으므로 (B)가 정답이다.

Words and Phrases eat 먹다 | yellow 노랑색의 | blouse 블라우스

15. Boy: My dad works at a restaurant.
Girl: What food does he cook?
Question: What does his dad do?

정답 (C)

해석 소년: 우리 아빠는 식당에서 일하셔.
소녀: 그는 어떤 음식을 요리하시니?
질문: 그의 아빠는 어떤 일을 하시는가?

풀이 소년이 자신의 아버지가 레스토랑에서 일하신다고 했기 때문에 요리사 그림인 (C)가 정답이다.

Words and Phrases restaurant 레스토랑 | cook 요리하다

16. Girl: Today, Mary is wearing a red skirt and white socks. She is not wearing a cap.
Question: What is Mary wearing today?
(A) blue socks
(B) a white cap
(C) a red skirt

해석 소녀: 오늘, Mary는 빨간색 치마를 입고 하얀색 양말을 신고 있다. 그녀는 모자를 쓰고 있지 않다.
질문: 오늘 Mary는 무엇을 입고 있는가?
(A) 파란 양말
(B) 하얀색 모자
(C) 빨간 치마

풀이 소녀가 오늘 Mary는 빨간색 치마와 흰색 양말을 입고 있었다고 했으므로 (C)가 정답이다.

Words and Phrases wear 입다 | red 빨간색 | skirt 치마 | white 흰색 | socks 양말 | cap 모자

17. Boy: I go to a shop and buy a big cake for my mom. I walk in the park and see a little girl playing with her doll. Then I come home.

Question: Where did the boy go?

(A) park

(B) school

(C) kitchen

해석 소년: 나는 가게에 가서 우리 엄마를 위해 커다란 케이크를 산다. 나는 공원에서 산책하면서 인형을 가지고 노는 여자아이를 본다. 그리고 나는 집에 온다.

질문: 소년은 어디에 갔는가?

(A) 공원

(B) 학교

(C) 주방

풀이 소년은 케이크를 사러 가게에 가고 공원에서 산책을 한다고 했으므로 (A)가 정답이다.

Words and Phrases shop 가게 | park 공원 | doll 인형 | kitchen 주방 | school 학교

18. Girl: It is very dark outside. It's windy and rainy, too.

Question: How is the weather?

(A) rainy

(B) sunny

(C) bright

해석 소녀: 밖은 매우 깜깜하다. 그리고 바람이 불고 비가 오기도 한다.

질문: 날씨가 어떠한가?

(A) 비가 오는

(B) 화창한

(C) 눈부신

풀이 소녀가 밖에 바람이 불고 비가 온다고 했으므로 (A)가 정답이다.

Words and Phrases dark 깜깜한 | windy 바람 부는 | rainy 비가 오는 | weather 날씨

19. Boy: I have a big family. My younger sister is five years old. Her name is April. Also, my older brother is ten years old. His name is Albert. My grandmother and grandfather also live with us.

Question: How old is Albert?

(A) five

(B) seven

(C) ten

해석 소년: 나는 가족이 많다. 나의 여동생은 5살이다. 그녀의 이름은 April이다. 또한, 나의 형은 10살이다. 그의 이름은 Albert다. 나의 할머니와 할아버지도 우리와 함께 사신다.

질문: Albert는 몇 살인가?

(A) 5살

(B) 7살

(C) 10살

풀이 소년의 형 Albert는 10살이라고 했으므로 (C)가 정답이다.

Words and Phrases big family 대가족 | younger sister 여동생 | family 가족 | older brother 형, 오빠 | grandmother 할머니 | grandfather 할아버지

20. Girl: Mary wakes up early in the morning, so she is very sleepy all day. She wants to go home and sleep.

Question: How does Mary feel?

(A) sick

(B) tired

(C) angry

해석 소녀: Mary는 아침 일찍 일어나서, 하루 종일 매우 졸려 한다. 그녀는 집에 가서 자고 싶어 한다.

질문: Mary는 어떤 기분인가?

(A) 아픈

(B) 피곤한

(C) 화난

풀이 Mary는 매일 엄청 졸려하며 집에 가서 자고 싶어한다고 했으므로 (B)가 정답이다.

Words and Phrases early 일찍 | sleep 자다

SECTION II READING AND WRITING

Part A. Sentence Completion (p.21)

1. My father ____________ a newspaper in the living room.

(A) read

(B) reads

(C) is read

(D) reading

해석 우리 아빠는 거실에서 신문을 읽으신다.

(A) 읽다(동사원형)

(B) 읽다(3인칭 단수형)

(C) 틀린 표현 (동사가 두 개가 연속으로 나올 수 없다)

(D) 읽는 중

풀이 현재 시제 동사가 3인칭 단수 주어와 함께 쓰일 때는 '-(e)s'의 형태를 취하므로 (B)가 정답이다.

Words and Phrases newspaper 신문 | living room 거실

2. They speak __________ in the classroom.

(A) loud

(B) louds

(C) loudly

(D) louded

해석 그들은 교실에서 큰 소리로 말한다.

(A) (소리가) 큰

(B) 틀린 표현

(C) 큰 소리로

(D) 틀린 표현

풀이 빈칸에 동사 'speak'을 꾸며주는 부사가 와야 하므로 (C)가 정답이다.

Words and Phrases loudly 큰 소리로 | classroom 교실

3. Tom is ____________ friend.

(A) I
(B) my
(C) me
(D) mine

해석 Tom은 나의 친구이다.

(A) 나(주격)
(B) 나의(소유격)
(C) 나를(목적격)
(D) 나의 것(소유대명사)

풀이 '나의 친구'라고 하기 위해서는 소유격이 와야 하므로 (B)가 정답이다.

Words and Phrases friend 친구

4. No problem. I ____________ do it.

(A) is
(B) be
(C) am
(D) can

해석 문제없어. 나는 할 수 있어.

(A) ~이다(3인칭 단수)
(B) ~이다(동사원형)
(C) ~이다(1인칭 단수)
(D) ~할 수 있다

풀이 '나는 할 수 있다'라고 하기 위해서는 '~할 수 있다'라는 단어가 와야 하므로 (D)가 정답이다.

Words and Phrases no problem 문제없어, 괜찮아

5. Wash ____________ hands before meals.

(A) you
(B) your
(C) yours
(D) you're

해석 식사하기 전에 너의 손을 먼저 닦아라.

(A) 너(주격/목적격)
(B) 너의(소유격)
(C) 너의 것(소유대명사)
(D) 너는

풀이 '너의 손을 닦아라'라고 하기 위해서는 소유격이 와야 하므로 (B)가 정답이다.

Words and Phrases meal 식사

Part B. Situational Writing (p.22)

6. It is ____________ today.

(A) foggy
(B) sunny
(C) stormy
(D) cloudy

해석 오늘은 화창하다.

(A) 안개가 낀
(B) 화창한
(C) 폭풍우가 몰아치는
(D) 흐린

풀이 그림에서 해가 쨍쨍 비추고 있는 모습을 나타냈으므로 (B)가 정답이다.

Words and Phrases stormy 폭풍우가 몰아치는 | sunny 화창한 | foggy 안개가 낀 | cloudy 흐린

7. Jamie wears ____________.

(A) dress
(B) watch
(C) jacket
(D) glasses

해석 Jamie는 안경을 쓴다.

(A) 원피스
(B) 손목시계
(C) 자켓
(D) 안경

풀이 그림의 여자아이는 안경을 쓰고 있으므로 (D)가 정답이다.

Words and Phrases jacket 자켓 | glasses 안경 | watch 손목시계 | dress 원피스

8. They are ____________.

(A) having dinner
(B) learning English
(C) washing their dishes
(D) playing a basketball game

해석 그들은 저녁을 먹는 중이다.

(A) 저녁을 먹는 중
(B) 영어를 배우는 중
(C) 설거지를 하는 중
(D) 농구 시합을 하는 중

풀이 그림에서 가족들이 저녁을 먹고 있으므로 (A)가 정답이다.

Words and Phrases dinner 저녁 | learn 배우다 | wash the dishes 설거지하다 | basketball game 농구 시합

9. We enjoy ____________.

(A) skating
(B) running
(C) sleeping
(D) swimming

해석 우리는 달리기를 즐긴다.

(A) 스케이트 타기
(B) 달리기
(C) 잠 자기
(D) 수영하기

풀이 그림에서 아이들이 달리고 있으므로 (B)가 정답이다.

Words and Phrases skate 스케이트를 타다 | sleep 잠을 자다 | run 달리다 | swim 수영하다

10. This is a ___________.

(A) hairbrush
(B) toothpaste
(C) paintbrush
(D) toothbrush

해석 이것은 칫솔이다.

(A) 빗
(B) 치약
(C) 붓
(D) 칫솔

풀이 그림에서 칫솔을 보여주고 있으므로 (D)가 정답이다.

Words and Phrases toothpaste 치약 | hairbrush 빗 | toothbrush 칫솔 | paintbrush (미술용) 붓

Part C. Reading and Retelling (p.24)

[11–12]

11. Where can you most likely find this notice?

(A) a school
(B) a bookstore
(C) a supermarket
(D) a shopping mall

12. What should students NOT do in the classroom?

(A) laugh at others
(B) be friendly to others
(C) come to class on time
(D) be careful with others' stuffs

해석

학급 규칙 1. 다른 사람들에게 친절하게 해라. 2. 다른 사람들의 물건을 조심히 다뤄라. 3. 누군가를 조롱하지 마라. 4. 수업에 제시간에 와라.

11. 이 공지를 대체로 어디서 볼 수 있는가?

(A) 학교
(B) 서점
(C) 슈퍼
(D) 쇼핑몰

12. 학생들이 교실에서 하면 안 되는 것은 무엇인가?

(A) 다른 사람 조롱하기
(B) 다른 사람에게 친절하게 대하기
(C) 수업에 제시간에 오기
(D) 다른 사람들의 물건 조심하기

풀이 교실 규칙에 관한 내용으로 이 내용은 주로 학교에서 볼 수 있으므로 11번의 정답은 (A)이다.

학급규칙 3번에 보면 누군가를 조롱하지 말라고 했으므로 12번의 정답은 (A)이다.

Words and Phrases friendly 친근한 | stuff 물건 | notice 공지 | school 학교 | bookstore 서점 | supermarket 슈퍼 | shopping mall 쇼핑몰

[13–14]

13. What fruit do students like most?

(A) apple
(B) grape
(C) peach
(D) banana

14. How many students like watermelons?

(A) 17
(B) 18
(C) 22
(D) 28

해석

내가 가장 좋아하는 과일 *100명의 학생들에게 질문했다.

13. 학생들이 가장 좋아하는 과일은 무엇인가?

(A) 사과
(B) 포도
(C) 복숭아
(D) 바나나

14. 몇 명의 학생들이 수박을 좋아하는가?

(A) 17
(B) 18
(C) 22
(D) 28

풀이 28명의 학생이 바나나를 좋아한다고 표에서 제시하고 있으므로 13번의 정답은 (D)이다.

수박을 좋아하는 학생이 17명이라고 표에서 제시하고 있으므로 14번의 정답은 (A)이다.

Words and Phrases favorite 가장 좋아하는 | apple 사과 | grape 포도 | peach 복숭아 | watermelon 수박

[15-16]

15. What will John and Anna do tomorrow?
(A) eat dinner
(B) have a party
(C) watch a movie
(D) go to the beach

16. What will Anna buy?
(A) drink
(B) popcorn
(C) ice cream
(D) movie tickets

해석

Anna 에게, 나는 너랑 같이 영화 보고 싶어. 내가 표 살게. 너는 팝콘 사도 돼. 알겠지? 내일 영화관에서 보자. John이

15. 내일 John은 Anna와 무엇을 할 것인가?
(A) 저녁 먹기
(B) 파티하기
(C) 영화 보기
(D) 해변 가기

16. Anna는 무엇을 살 것인가?
(A) 음료수
(B) 팝콘
(C) 아이스크림
(D) 영화표

풀이 John이 Anna에게 같이 영화보고 싶다고 했으므로 15번의 정답은 (C)이다.

John 자신은 표를 산다고 했고 Anna에게는 팝콘을 사라고 했으므로 16번의 정답은 (B)이다.

Words and Phrases tomorrow 내일 | movie 영화 | theater 극장 | drink 음료수

[17-18]

The clock says seven. Tom gets his socks. He will run with his friend, George. Tom gets to the park at 8 o'clock. He waits for George. In 10 minutes, George shows up. They are ready to run.

17. What are they going to do?
(A) read a book
(B) buy a present
(C) study together
(D) run at the park

18. When does Tom meet George at the park?
(A) 7:00
(B) 7:10
(C) 8:00
(D) 8:10

해석 시계가 7시를 가리킨다. Tom은 양말을 가져온다. 그는 그의 친구 George와 뛸 것이다. Tom은 8시 정각에 공원에 도착한다. George를 기다린다. 10분 안에, George가 나타난다. 그들은 뛸 준비가 되었다.

17. 그들은 무엇을 할 것인가?
(A) 독서 하기
(B) 선물 사기
(C) 같이 공부하기
(D) 공원에서 뛰기

18. Tom은 언제 George를 공원에서 만나는가?
(A) 7시
(B) 7시 10분
(C) 8시
(D) 8시 10분

풀이 'They are ready to run(그들은 뛸 준비가 되었어)'라고 했으므로 17번의 정답은 (D)이다.

"In 10 minutes, George shows up."이라고 했는데 Tom이 8시 정각에 도착한다고 했으므로 18번의 정답은 (D)이다.

Words and Phrases park 공원 | wait 기다리다 | ready 준비가 된 | present 선물 | together 같이

[19-20]

Alice goes to bed. She has a dream. In her dream, she sees elephants dancing and birds singing. She also sees zebras running and monkeys jumping. She sees lions smiling and kangaroos laughing. They make Alice happy. Now she wakes up with a big smile.

19. How many kinds of animals does Alice see in her dream?
(A) four
(B) five
(C) six
(D) seven

20. How is Alice feeling after waking up?
(A) sad
(B) angry
(C) happy
(D) hungry

해석 Alice는 자러 간다. 그녀는 꿈을 꾼다. 그녀의 꿈에서, 그녀는 코끼리들이 춤을 추고 새들이 노래하는 모습을 본다. 그녀는 또한 얼룩말들이 뛰고 원숭이들이 점프하는 모습을 본다. 그녀는 사자들이 미소 짓고 캥거루들이 웃는 모습을 본다. 그들은 Alice를 행복하게 해준다. 이제 그녀는 함박웃음을 지으면서 일어난다.

19. 몇 가지 종류의 동물들을 Alice가 꿈에서 보는가?
(A) 넷
(B) 다섯
(C) 여섯
(D) 일곱

20. Alice는 일어난 후에 어떤 느낌이 들었는가?
(A) 슬픈
(B) 화난
(C) 행복한
(D) 배고픈

풀이 Alice는 꿈에서 코끼리, 새, 얼룩말, 원숭이, 사자, 캥거루들을 봤으므로 19번의 정답은 (C)이다.

Alice가 큰 미소를 지으면서 일어난다고 했으므로 20번의 정답은 (C)이다.

Words and Phrases dream 꿈 | elephant 코끼리 | zebra 얼룩말 | monkey 원숭이 | bird 새 | lion 사자 | kangaroo 캥거루

TOSEL STARTER

실전 2회

Section I Listening and Speaking

1 (A)	2 (B)	3 (B)	4 (C)	5 (C)
6 (B)	7 (C)	8 (C)	9 (B)	10 (A)
11 (B)	12 (A)	13 (C)	14 (A)	15 (C)
16 (A)	17 (C)	18 (C)	19 (B)	20 (B)

Section II Reading and Writing

1 (B)	2 (D)	3 (B)	4 (D)	5 (C)
6 (C)	7 (B)	8 (A)	9 (C)	10 (D)
11 (A)	12 (D)	13 (A)	14 (D)	15 (C)
16 (B)	17 (C)	18 (B)	19 (C)	20 (B)

SECTION I LISTENING AND SPEAKING

Part A. Listen and Recognize (p.31)

1. Girl: It's 10:30.
정답 (A)
해석 소녀: 10시 30분이다.
풀이 소녀가 10시 30분이라고 했으므로 10시 30분을 가리키는 시계 그림 (A)가 정답이다.

2. Boy: The baby is crying.
정답 (B)
해석 소년: 아기가 울고 있다.
풀이 소년이 아기가 울고 있다고 했으므로 아기가 울고 있는 그림 (B)가 정답이다.
Words and Phrases baby 아기 | cry 울다

3. Girl: My father is a dentist.
정답 (B)
해석 소녀: 나의 아빠는 치과의사이시다.
풀이 소녀가 자신의 아빠가 치과의사이시라고 했으므로 치과의사가 나오는 그림 (B)가 정답이다.
Words and Phrases dentist 치과의사

4. Boy: Mom is in the kitchen.
정답 (C)
해석 소년: 엄마는 부엌에 계신다.
풀이 소년이 엄마가 부엌에 계시다고 했으므로 부엌에서 요리하고 있는 엄마 그림 (C)가 정답이다.
Words and Phrases kitchen 부엌

5. Girl: I don't like spiders.
정답 (C)
해석 소녀: 나는 거미를 싫어한다.
풀이 소녀가 거미를 싫어한다고 했으므로 거미줄에 걸린 거미를 보고 우는 소녀 그림 (C)가 정답이다.
Words and Phrases spider 거미

Part B. Listen and Respond (p.33)

6. Boy: I am sorry.
Girl: ______
(A) That's nice.
(B) That's okay.
(C) Thanks a lot.
해석 소년: 내가 미안해.
소녀: ______
(A) 그거 좋다.
(B) 괜찮아.
(C) 정말 고마워.
풀이 소년이 미안하다고 사과하고 있고, 이에 대해 괜찮다고 대답한 (B)가 정답이다.
Words and Phrases sorry 미안한

7. Girl: Do you have any pets?
Boy: ______
(A) Yes, I am.
(B) Yes, I have a pen.
(C) Yes, I have a hamster.
해석 소녀: 너는 반려동물을 키우니?
소년: ______
(A) 응, 나야.
(B) 응, 나 펜 있어.
(C) 응, 나 햄스터 키워.
풀이 소녀가 소년에게 반려동물을 키우는지 물어봤으므로 햄스터를 키운다고 대답한 (C)가 정답이다.
Words and Phrases pet 반려동물 | hamster 햄스터

8. Boy: How old is your sister?
Girl: ______
(A) She is very old.
(B) He is 8 years old.
(C) She is 7 years old.
해석 소년: 너의 여동생은 몇 살이니?
소녀: ______
(A) 그녀는 매우 늙었어.
(B) 그는 8살이야.
(C) 그녀는 7살이야.
풀이 소년이 소녀에게 소녀의 여동생이 몇 살이냐고 물어봤으므로 "그녀는 7살이다"라고 대답한 (C)가 정답이다.
Words and Phrases sister 여동생, 언니, 누나

9. Girl: This is my English teacher.
Boy: ______
(A) I like English.
(B) Nice to meet you.
(C) I teach English at school.
해석 소녀: 이 분은 나의 영어 선생님이시다.
소년: ______
(A) 나는 영어를 좋아해.
(B) 만나서 반갑습니다.
(C) 나는 학교에서 영어를 가르친다.
풀이 소녀가 소년에게 자신의 영어 선생님을 소개하고 있는 상황으로, 소년이 만나서 반갑다는 말을 하는 (B)가 정답이다.
Words and Phrases English 영어 | teacher 선생님

10. Boy: When do you go to bed?
Girl: ______
(A) At ten o'clock.
(B) My bed is new.
(C) I wake up at ten.
해석 소년: 몇 시에 자니?
소녀: ______
(A) 열 시에.
(B) 나의 침대는 새 것이야.
(C) 나는 열 시에 일어나.
풀이 소년이 소녀에게 언제 자러 가냐고 물어봤으므로 소녀가 10시에 자러 간다고 대답한 (A)가 정답이다.
Words and Phrases go to bed 자러 가다

Part C. Listen and Retell (p.34)

11. Boy: I am hungry. Let's eat something.
Girl: Sounds great.
Question: What are they going to do?
정답 (B)
해석 소년: 나 배고파, 우리 같이 뭐 먹자.
소녀: 좋아.
질문: 그들은 무엇을 할 것인가?
풀이 소년이 배고프다고 같이 뭔가를 먹자고 소녀에게 제안해서 소녀는 이에 대해 좋다고 했기 때문에 이 둘이 같이 음식을 먹는 그림인 (B)가 정답이다.
Words and Phrases hungry 배고픈

12. Girl: You look sick.
Boy: I have a cold.
Question: What's wrong with the boy?
정답 (A)
해석 소녀: 너 아파 보여.
소년: 나 감기 걸렸어.
질문: 소년에게 어떤 문제가 있는가?
풀이 소녀가 소년에게 아파 보인다고 하니까 소년이 감기에 걸렸다고 했으므로 감기 걸린 아이의 그림인 (A)가 정답이다.
Words and Phrases sick 아픈 | cold 감기

13. Boy: I am going to watch TV.
Girl: I am going to play games on the computer.
Question: What is the girl going to do?

정답 (C)

해석 소년: 나는 텔레비전을 볼 것이다.
소녀: 나는 컴퓨터로 게임을 할 것이다.
질문: 소녀는 무엇을 할 것인가?

풀이 소녀가 컴퓨터로 게임을 할 것이라고 했으므로 컴퓨터를 하고 있는 그림인 (C)가 정답이다.

Words and Phrases watch 보다 | computer 컴퓨터

14. Girl: Do you like to play baseball?
Boy: No, I don't. I like to play soccer.
Question: What does the boy like to play?

정답 (A)

해석 소녀: 너는 야구하는 것을 좋아하니?
소년: 아니, 안 좋아해. 나는 축구하는 것을 좋아해.
질문: 소년은 어떤 것을 좋아하는가?

풀이 소녀가 야구하는 것을 좋아하냐고 소년에게 물었는데 소년은 야구는 좋아하지 않고 축구를 좋아한다고 했으므로 축구하고 있는 그림인 (A)가 정답이다.

Words and Phrases baseball 야구 | soccer 축구

15. Boy: Where is my cap?
Girl: It is on the table next to the sofa.
Question: Where is the boy's cap?

정답 (C)

해석 소년: 내 모자 어딨어?
소녀: 소파 옆 식탁 위에 있어.
질문: 소년의 모자는 어디 있는가?

풀이 소년이 자신의 모자가 어딨냐고 묻자 소녀는 소파 옆 식탁 위에 있다고 했으므로 이를 나타내고 있는 그림 (C)가 정답이다.

16. Boy: Today is my sister's birthday. I will give her a doll as a gift. My dad will give a book to her.
Question: What will the boy give to his sister?
(A) a doll
(B) a card
(C) a book

해석 소년: 오늘은 나의 여동생의 생일이다. 나는 그녀에게 선물로 인형을 줄 것이다. 우리 아빠는 그녀에게 책을 주실 것이다.
질문: 소년이 그의 여동생에게 무엇을 줄 것인가?
(A) 인형
(B) 카드
(C) 책

풀이 소년은 여동생의 생일 선물로 인형을 줄 것이라고 했으므로 (A)가 정답이다.

Words and Phrases doll 인형 | birthday 생일 | gift 선물 | book 책

17. Girl: I help my mom every day. I help her clean the table. I help her wash the dishes, too. I am going to help her clean the living room this evening.
Question: What is the girl going to do this evening?
(A) help clean the table
(B) help wash the dishes
(C) help clean the living room

해석 소녀: 나는 우리 엄마를 매일 도와드린다. 나는 그녀가 식탁 닦는 일을 도와준다. 또한 나는 그녀가 설거지하는 것을 도와준다. 나는 저녁에 그녀가 거실을 청소하는 것을 도와줄 것이다.
질문: 소녀는 오늘 저녁에 무엇을 할 것인가?
(A) 식탁 닦는 일 도와주기
(B) 설거지 도와주기
(C) 거실 청소 도와주기

풀이 소녀는 매일 엄마를 도와드리는데 오늘 저녁에는 거실 청소를 도와드릴 것이라고 했기 때문에 (C)가 정답이다.

Words and Phrases help 돕다 | wash the dishes 설거지를 하다 | clean 청소하다 | living room 거실 | evening 저녁

18. Boy: I like to draw. I draw birds well. My sister likes to draw, too. She draws trees very well.
Question: What does the boy draw well?
(A) fish
(B) trees
(C) birds

해석 소년: 나는 그림 그리는 것을 좋아한다. 나는 새를 잘 그린다. 나의 여동생도 그림 그리는 것을 좋아한다. 그녀는 나무를 엄청 잘 그린다.
질문: 소년이 잘 그리는 것은 무엇인가?
(A) 물고기
(B) 나무
(C) 새

풀이 소년은 새 그림을 잘 그린다고 했기 때문에 (C)가 정답이다.

Words and Phrases draw 그림 그리다 | bird 새 | tree 나무

19. Girl: I will go to the farm this weekend. I will play with the puppies. I will feed the cows. And I am going to give the pigs a bath, too.
Question: What animals will the girl feed?
(A) the pigs
(B) the cows
(C) the puppies

해석 소녀: 나는 이번 주말에 농장에 갈 것이다. 나는 강아지들과 놀 것이다. 나는 소들에게 먹이를 줄 것이다. 그리고 나는 돼지들을 목욕시킬 것이다.
질문: 소녀는 어떤 동물에게 먹이를 줄 것인가?
(A) 돼지
(B) 소
(C) 강아지

풀이 소녀가 소들에게 먹이를 줄 것이라고 했으므로 (B)가 정답이다.

Words and Phrases farm 농장 | weekend 주말 | puppy 강아지 | cow 소 | pig 돼지 | feed 먹이를 주다 | bath 목욕시키다

20. Boy: I go to the store. I buy some bread for Dad. I buy two eggs for Mom. And I buy three tomatoes and four potatoes for her, too.

Question: What does the boy buy for his father?

(A) two eggs

(B) some bread

(C) three tomatoes

해석 소년: 나는 가게에 간다. 나는 아빠를 위해 빵을 조금 산다. 나는 엄마를 위해 계란 두 개를 산다. 그리고 나는 그녀를 위해 토마토 세 개와 감자 네 개도 산다.

질문: 소년이 아빠에게 무엇을 사주는가?

(A) 계란 두 개

(B) 빵 조금

(C) 토마토 세 개

풀이 소년은 가게에 가는데 아빠를 위해 빵을 조금 산다고 했으므로 (B)가 정답이다.

Words and Phrases store 가게 | bread 빵 | egg 계란 | tomato 토마토 | potato 감자

SECTION II READING AND WRITING

Part A. Sentence Completion (p.38)

1. ________ is your name?

(A) How

(B) What

(C) When

(D) Where

해석 너의 이름이 무엇이니?

(A) 어떻게

(B) 무엇

(C) 언제

(D) 어디

풀이 '너의 이름은 무엇이냐'고 질문 한 것이므로 (B)가 정답이다.

2. ________ cold outside. Wear a coat.

(A) I

(B) It

(C) Its

(D) It's

해석 밖은 춥다. 코트를 입어라.

(A) 나

(B) 그것

(C) 그것의

(D) ~이다

풀이 날씨를 가리키기 위한 주어로 비인칭주어 it이 오고, 3인칭 단수 주어와 함께 쓰이는 be동사는 is이므로 (D)가 정답이다.

Words and Phrases outside 밖에

3. Dogs ________ animals.

(A) is

(B) are

(C) to be

(D) being

해석 개들은 동물이다.

(A) be동사(단수형)

(B) be동사(복수형)

(C) ~가 될

(D) 되고 있다.

풀이 Dogs는 복수 형태로 be동사는 are이 와야 하므로 (B)가 정답이다.

Words and Phrases animal 동물

4. ________ I ask a question?

(A) Am

(B) Do

(C) Are

(D) Can

해석 제가 질문해도 될까요?

(A) ~이다(1인칭 단수)

(B) ~을(를) 하다

(C) ~이다(복수)

(D) ~할 수 있다

풀이 '~도 되나요?'의 표현을 쓰기 위해서는 'can'이 와야 하므로 (D)가 정답이다.

Words and Phrases question 질문

5. My birthday is ________ March.

(A) at

(B) on

(C) in

(D) of

해석 나의 생일은 3월에 있다.

(A) ~에서

(B) ~에

(C) ~에

(D) ~의

풀이 특정 월 앞에 'in'이 와야 하므로 (C)가 정답이다.

Words and Phrases birthday 생일

Part B. Situational Writing (p.39)

6. It is ______ outside.

(A) rainy

(B) foggy

(C) snowy

(D) stormy

해석 밖에 눈이 온다.

(A) 비가 오는
(B) 안개 낀
(C) 눈이 오는
(D) 폭풍우가 몰아치는

풀이 그림에서 눈이 오는 사진을 나타내고 있으므로 (C)가 정답이다.

7. I like ______.

(A) playing soccer
(B) reading books
(C) listening to music
(D) washing the dishes

해석 나는 책 읽는 것을 좋아한다.

(A) 축구하기
(B) 책 읽기
(C) 음악 듣기
(D) 설거지 하기

풀이 그림에서 남자아이가 책을 읽고 있으므로 (B)가 정답이다.

Words and Phrases soccer 축구 | read 읽다 | listen 듣다 | wash the dishes 설거지하다

8. I go home ________.

(A) by bus
(B) by taxi
(C) on foot
(D) by subway

해석 나는 집에 버스를 타고 간다.

(A) 버스로
(B) 택시로
(C) 도보로
(D) 지하철로

풀이 그림에서 버스를 나타내고 있으므로 (A)가 정답이다.

Words and Phrases taxi 택시 | on foot 도보 | subway 지하철

9. They are ________ .

(A) in the park
(B) in the hospital
(C) in the restaurant
(D) in the swimming pool

해석 그들은 식당에 있다.

(A) 공원에
(B) 병원에
(C) 식당에
(D) 수영장에

풀이 그림에서 사람들이 식당에 있는 모습을 나타내고 있으므로 (C)가 정답이다.

Words and Phrases park 공원 | hospital 병원 | restaurant 식당 | swimming pool 수영장

10. My father is ________.

(A) a singer
(B) a doctor
(C) a teacher
(D) a policeman

해석 우리 아빠는 경찰이시다.

(A) 가수
(B) 의사
(C) 선생님
(D) 경찰

풀이 그림에서 경찰이 도둑을 잡고 있는 모습으로 (D)가 정답이다.

Words and Phrases singer 가수 | doctor 의사 | teacher 선생님 | policeman 경찰

Part C. Reading and Retelling (p.41)

[11-12]

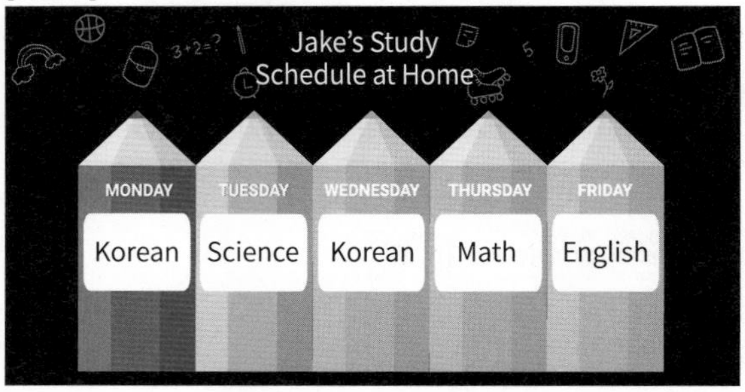

11. What does Jake study on Thursday?

(A) Math
(B) Korean
(C) Science
(D) English

12. When does Jake study English?

(A) on Monday
(B) on Tuesday
(C) on Thursday
(D) on Friday

해석

Jake의 집에서의 공부 시간표

월요일 - 한국어
화요일 - 과학
수요일 - 한국어
목요일 - 수학
금요일 - 영어

11. Jake는 목요일에 무엇을 공부하는가?

(A) 수학
(B) 한국어
(C) 과학
(D) 영어

12. Jake는 언제 영어를 공부하는가?
(A) 월요일
(B) 화요일
(C) 목요일
(D) 금요일

풀이 시간표를 보면 Jake는 목요일에 수학을 공부한다고 했으므로 11번의 정답은 (A)이다.

시간표를 보면 Jake는 금요일에 영어를 공부한다고 했으므로 12번의 정답은 (D)이다.

Words and Phrases schedule 시간표

[13-14]

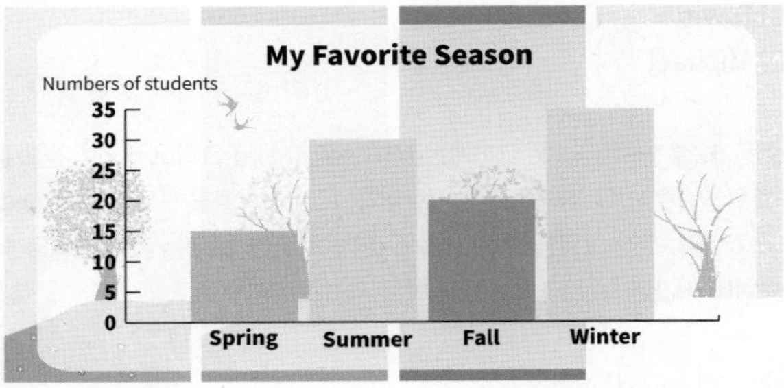

13. How many students like spring?
(A) 15
(B) 20
(C) 30
(D) 35

14. Which season do the students like most?
(A) spring
(B) summer
(C) fall
(D) winter

해석

내가 가장 좋아하는 계절 세로축: 학생 수 가로축: (순서대로) 봄 여름 가을 겨울

13. 몇 명의 학생들이 봄을 좋아하는가?
(A) 15명
(B) 20명
(C) 30명
(D) 35명

14. 학생들이 가장 좋아하는 것은 어느 계절인가?
(A) 봄
(B) 여름
(C) 가을
(D) 겨울

풀이 그래프에서 봄을 좋아하는 학생들이 15명이라고 했으므로 13번의 정답은 (A)이다.

그래프에서 가장 많은 수를 차지하고 있는 계절은 겨울이므로 14번의 정답은 (D)이다.

[15-16]

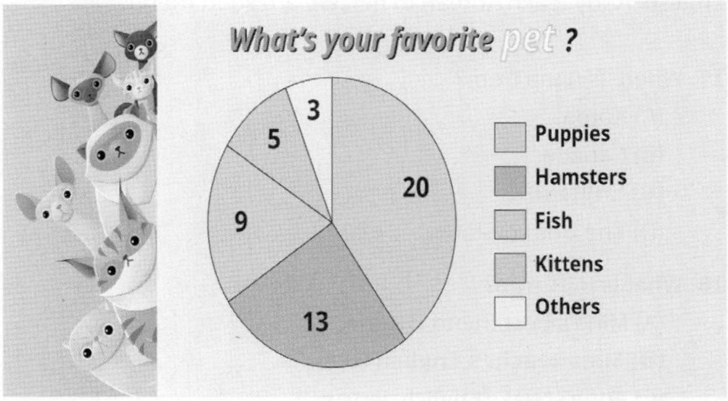

15. What kind of pet do the kids want most?
(A) fish
(B) kittens
(C) puppies
(D) hamsters

16. How many kids want fish?
(A) five
(B) nine
(C) thirteen
(D) twenty

해석

가장 좋아하는 반려동물은 무엇이니? (위부터 차례대로) 강아지, 햄스터, 물고기, 새끼 고양이, 기타

15. 아이들이 가장 원하는 반려동물은 어떤 종류인가?
(A) 물고기
(B) 새끼 고양이
(C) 강아지
(D) 햄스터

16. 물고기를 원하는 학생들은 몇 명인가?
(A) 5명
(B) 9명
(C) 13명
(D) 20명

풀이 파이 차트에서 가장 많은 비율을 차지하고 있는 반려동물은 강아지로 15번의 정답은 (C)이다.

파이 차트에서 물고기가 차지하고 있는 수는 9명으로 16번의 정답은 (B)이다.

Words and Phrases fish 물고기 | kitten 새끼 고양이 | puppy 강아지 | hamster 햄스터

[17-18]

My name is Mina. I have many friends. Anna is my best friend. She is from England. She speaks English very well. She teaches me English. And I teach Korean to her. We are good friends.

17. Where is Anna from?

(A) Korea
(B) Canada
(C) England
(D) The United States

18. What is NOT true?

(A) Mina's best friend is Anna.
(B) Mina teaches English to Anna.
(C) Anna speaks English very well.
(D) Anna learns Korean from Mina.

해석 나의 이름은 Mina이다. 나는 친구가 많다. Anna는 나의 가장 친한 친구이다. 그녀는 영국 출신이다. 그녀는 영어를 매우 잘한다. 그녀는 나에게 영어를 가르쳐준다. 그리고 나는 그녀에게 한국어를 가르쳐준다. 우리는 좋은 친구이다.

17. Anna는 어디 출신인가?

(A) 한국
(B) 캐나다
(C) 영국
(D) 미국

18. 사실이 아닌 것은?

(A) Mina의 가장 친한 친구는 Anna이다.
(B) Mina는 Anna에게 영어를 가르쳐준다.
(C) Anna는 영어를 매우 잘한다.
(D) Anna는 Mina로 부터 한국어를 배운다.

풀이 Anna는 영국 출신이라고 했으므로 17번의 정답은 (C)이다.

Mina는 Anna에게 한국어를 가르쳐주고 Anna가 Mina에게 영어를 가르쳐준다고 했으므로 18번의 정답은 (B)이다.

Words and Phrases teach 가르치다

[19-20]

Bob is a 12-year-old boy. He has three uncles, Michael, David, and John. Michael is a police officer. He helps people. David is a painter. He paints pictures. John is a teacher. He loves his students. Bob is so proud of his uncles.

19. Who paints pictures?

(A) Bob
(B) John
(C) David
(D) Michael

20. Who teaches students?

(A) Bob
(B) John
(C) David
(D) Michael

해석 Bob은 12살 남자아이다. 그에게는 Michael, David 그리고 John 이렇게 세 명의 삼촌이 있다. Michael은 경찰이다. 그는 사람들을 도와준다. David는 화가이다. 그는 그림을 그린다. John은 선생님이다. 그는 그의 학생들을 사랑한다. Bob은 자신의 삼촌들을 매우 자랑스러워한다.

19. 그림을 그리는 사람은 누구인가?

(A) Bob
(B) John
(C) David
(D) Michael

20. 누가 학생들을 가르치는가?

(A) Bob
(B) John
(C) David
(D) Michael

풀이 지문에서 David가 화가라면서 그림을 그린다고 했으므로 19번의 정답은 (C)이다.

지문에서 John이 선생님이라면서 학생들을 사랑한다고 했으므로 20번의 정답은 (B)이다.

Words and Phrases uncle 삼촌 | police officer 경찰관 | painter 화가 | teacher 선생님 | student 학생 | be proud of~ ~을 자랑스러워하다

TOSEL STARTER

실전3회

Section I Listening and Speaking

1 (A)	2 (C)	3 (B)	4 (A)	5 (A)
6 (B)	7 (A)	8 (C)	9 (A)	10 (B)
11 (B)	12 (A)	13 (C)	14 (B)	15 (B)
16 (C)	17 (C)	18 (B)	19 (A)	20 (B)

Section II Reading and Writing

1 (A)	2 (B)	3 (A)	4 (A)	5 (B)
6 (C)	7 (A)	8 (C)	9 (A)	10 (B)
11 (C)	12 (D)	13 (A)	14 (C)	15 (D)
16 (C)	17 (C)	18 (A)	19 (A)	20 (B)

SECTION I LISTENING AND SPEAKING

Part A. Listen and Recognize (p.48)

1. Girl: Jane is drinking a glass of water.
정답 (A)
해석 소녀: Jane은 물 한 잔을 마시고 있다.
풀이 잔에 담긴 물을 마시고 있는 그림인 (A)가 정답이다.
Words and Phrases drink 마시다 | water 물

2. Boy: Davy looks angry.
정답 (C)
해석 소년: Davy는 화난 것처럼 보인다.
풀이 화가 난 표정을 짓고 있는 (C)가 정답이다.
Words and Phrases angry 화난

3. Girl: There is a bag under the chair.
정답 (B)
해석 소녀: 의자 아래에 가방이 있어.
풀이 의자 아래에 가방이 있는 그림인 (B)가 정답이다.
Words and Phrases bag 가방 | under ~아래에 | chair 의자

4. Boy: Look at my pants.
정답 (A)
해석 소년: 내 바지를 봐.
풀이 긴 바지를 나타낸 (A)가 정답이다.
Words and Phrases pants 바지

5. Girl: Tony is wearing a hat.
정답 (A)
해석 소녀: Tony는 모자를 쓰고 있다.
풀이 모자를 쓰고 있는 (A)가 정답이다.
Words and Phrases wear 입다, 착용하다 | hat 모자

Part B. Listen and Respond (p.50)

6. Boy: Let's eat hamburgers.
Girl: ________________
(A) They are good.
(B) Sounds good.
(C) I don't eat hot dogs.
해석 소년: 햄버거 먹자.
소녀: ________________
(A) 그들은 좋다.
(B) 그거 좋지.
(C) 나는 핫도그 안 먹어.
풀이 함께 햄버거를 먹자고 제안하는 말에 긍정을 표현하는 (B)가 정답이다.
Words and Phrases eat 먹다

7. Girl: Are you a student?
Boy: ________________
(A) Yes, I am.
(B) Yes, I can.
(C) No, I don't.
해석 소녀: 너는 학생이니?
소년: ________________
(A) 응, 맞아.
(B) 응, 난 할 수 있어.
(C) 아니, 난 아니야.
풀이 Be동사로 시작하는 의문문에는 'I am~' 혹은 'I'm not~'을 이용하여 대답해야 적절하므로 (A)가 정답이다.
Words and Phrases student 학생

8. Boy: Does your sister like ice cream?
Girl: ________________
(A) I hate ice cream.
(B) She has a cold.
(C) Yes, she does.
해석 소년: 네 여동생은 아이스크림을 좋아하니?
소녀: ________________
(A) 나는 아이스크림을 싫어해.
(B) 그녀는 감기에 걸렸어.
(C) 응, 그녀는 좋아해.
풀이 Do로 시작하는 의문문에는 does 혹은 doesn't를 이용하여 대답해야 적절하다. 여동생이 아이스크림을 좋아하는지 물었으므로, 주어가 she인 (C)가 정답이다.
Words and Phrases sister 여자형제 | like 좋아하다 | hate 싫어하다 | have a cold 감기 걸리다

9. Girl: Where are you from?
Boy: ________________
(A) I am from Korea.
(B) You're welcome.
(C) It's from my uncle.
해석 소녀: 너는 어디에서 왔니?
소년: ________________
(A) 나는 한국에서 왔어.
(B) 천만에.
(C) 그건 내 삼촌으로부터 온 거야.
풀이 출신 국가를 묻는 질문에 한국에서 왔다는 내용의 (A)가 정답이다.
Words and Phrases uncle 삼촌

10. Boy: Can you help me?
Girl: ________________
(A) I help Mom every day.
(B) Sure. What is it?
(C) No, you can't.
해석 소년: 나 좀 도와 줄 수 있니?
소녀: ________________
(A) 나는 엄마를 매일 도와드려.
(B) 당연하지. 무슨 일인데?
(C) 아니, 너는 할 수 없어.
풀이 도움을 줄 수 있냐는 질문에 그렇다고 답한 (B)가 정답이다. 내가 도움을 줄 수 있는지 물었으므로 주어가 you인 (C)는 옳지 않다.
Words and Phrases help 돕다 | every day 매일

Part C. Listen and Retell (p.51)

11. Boy: Is it cloudy outside?
Girl: No, it is sunny.
Question: How is the weather?
정답 (B)
해석 소년: 밖에 날씨가 흐리니?
소녀: 아니, 화창해.
질문: 날씨가 어떠한가?
풀이 날씨가 흐리냐는 소년의 질문에 소녀가 화창하다고 답했으므로 (B)가 정답이다.
Words and Phrases cloudy 흐린 | sunny 화창한 | weather 날씨

12. Girl: How about going to the park tomorrow?
Boy: Sounds good to me.
Question: Where are they going tomorrow?
정답 (A)
해석 소녀: 내일 공원에 가는 건 어때?
소년: 그거 좋은 것 같아.
질문: 그들은 내일 어디를 가는가?
풀이 공원에 가자는 소녀의 제안에 소년이 좋다고 답했으므로 (A)가 정답이다.
Words and Phrases park 공원 | tomorrow 내일

13. Boy: I want some cookies and candies.
Girl: There are some on the plate.
Question: Which does the boy NOT want?
정답 (C)
해석 소년: 나는 쿠키와 사탕을 원해.
소녀: 저기 접시 위에 조금 있어.
질문: 소년이 원하지 않는 것은 무엇인가?
풀이 소년은 쿠키와 사탕을 원한다고 말했으므로 (C)가 정답이다.
Words and Phrases candy 사탕 | plate 접시

14. Girl: Are you going to study this afternoon?
Boy: No, I will go camping with my dad.
Question: What is the boy going to do?
정답 (B)
해석 소녀: 너 오늘 오후에 공부할 예정이니?
소년: 아니, 난 아빠랑 캠핑 갈 거야.
질문: 소년은 무엇을 할 예정인가?
풀이 오후에 공부를 할 것인지 묻는 소녀의 질문에 소년이 아빠와 캠핑을 간다고 답했으므로 (B)가 정답이다.
Words and Phrases study 공부하다 | afternoon 오후 | go camping 캠핑 가다 | be going to ~를 할 예정이다

15. Boy: Do you have an MP3 player?
Girl: No, but I have a cell phone.
Question: What does the girl have?
정답 (B)
해석 소년: 너 MP3 플레이어 가지고 있니?
소녀: 아니, 난 휴대폰을 가지고 있어.
질문: 소녀는 무엇을 가지고 있는가?
풀이 MP3 플레이어를 가지고 있냐는 소년의 질문에 소녀가 휴대폰을 가지고 있다고 답했으므로 (B)가 정답이다.
Words and Phrases cell phone 휴대폰 | have 가지다

16. Girl: Bill is sick in bed. He has a bad cold. He can't go to school today.
Question: How is Bill?
(A) fine
(B) well
(C) sick
해석 소녀: Bill은 아파서 침대에 누워있다. 그는 심한 감기에 걸렸다. 그는 오늘 학교에 갈 수 없다.
질문: Bill의 상태는 어떠한가?
(A) 괜찮은
(B) 좋은
(C) 아픈
풀이 "Bill is sick in bed."에서 Bill이 아프다는 것을 알 수 있으므로 (C)가 정답이다.
Words and Phrases sick 아픈 | school 학교 | today 오늘

17. Boy: Linda gets up at 7:00. She eats breakfast at 7:30. She goes to school at 8 o'clock.

Question: What time does the girl go to school?

(A) at 7:00

(B) at 7:30

(C) at 8:00

해석 소년: Linda는 7시에 일어난다. 그녀는 7시 30분에 아침을 먹는다. 그녀는 8시에 학교에 간다.

질문: 소녀는 몇 시에 학교를 가는가?

(A) 7시에

(B) 7시 30분에

(C) 8시에

풀이 본문 중 "She goes to school at 8 o'clock." 문장에서 소녀가 8시에 학교를 간다는 것을 알 수 있으므로 (C)가 정답이다.

Words and Phrases get up 일어나다 | breakfast 아침

18. Girl: Peter wants to go out and play. It is cold outside. He puts on his coat. He puts on his mittens, too.

Question: What does the boy NOT put on?

(A) a coat

(B) a scarf

(C) mittens

해석 소녀: Peter는 나가서 놀고 싶어 한다. 밖의 날씨는 춥다. 그는 코트를 입는다. 그는 그의 장갑도 낀다.

질문: 소년이 착용하지 않은 것은 무엇인가?

(A) 코트

(B) 목도리

(C) 장갑

풀이 본문 중 "He puts on his coat. He puts on his mittens, too." 문장에서 소년이 코트와 장갑을 착용하였음을 알 수 있으므로 (B)가 정답이다.

Words and Phrases go out 나가다 | play 놀다 | cold 추운 | put on 착용하다, 입다 | mitten 엄지장갑

19. Boy: Mr. Kim is my math teacher. He is kind. He is tall and handsome. I like him a lot. But I don't like math.

Question: What does Mr. Kim teach?

(A) math

(B) English

(C) science

해석 소년: Mr. Kim은 나의 수학 선생님이다. 그는 친절하다. 그는 키가 크고 잘생겼다. 나는 그를 정말 좋아한다. 그러나 나는 수학을 좋아하지 않는다.

질문: Mr. Kim은 무엇을 가르치는가?

(A) 수학

(B) 영어

(C) 과학

풀이 본문 중 "Mr. Kim is my math teacher." 문장에서 Mr. Kim이 수학을 가르친다는 것을 알 수 있으므로 (A)가 정답이다.

Words and Phrases math 수학 | teacher 선생님 | kind 착한, 친절한 | tall 긴, 키가 큰 | handsome 잘생긴

20. Girl: We went to the zoo yesterday. We saw bears, lions, and elephants. We also watched monkeys. The monkeys were eating bananas.

Question: What DIDN'T they see at the zoo?

(A) bears

(B) tigers

(C) monkeys

해석 소녀: 우리는 어제 동물원에 갔다 왔다. 우리는 곰, 사자 그리고 코끼리를 보았다. 우리는 또한 원숭이도 보았다. 원숭이들이 바나나를 먹고 있었다.

질문: 그들이 동물원에서 보지 않은 동물은 무엇인가?

(A) 곰

(B) 호랑이

(C) 원숭이

풀이 그들은 곰, 사자, 코끼리, 원숭이를 보았다고 했으므로 (B)가 정답이다.

Words and Phrases yesterday 어제 | zoo 동물원 | bear 곰 | lion 사자 | elephant 코끼리 | watch 보다 | monkey 원숭이 | banana 바나나

SECTION II READING AND WRITING

Part A. Sentence Completion (p.55)

1. See _____ tomorrow.

(A) you

(B) your

(C) yours

(D) you're

해석 (너) 내일 보자.

(A) 너

(B) 너의

(C) 너의 것

(D) 너는 ~이다

풀이 '내일 보자'라는 의미로 (A)가 정답이다.

Words and Phrases tomorrow 내일

2. She is swimming _____ the pool.

(A) on

(B) in

(C) under

(D) behind

해석 그녀는 수영장에서 수영하는 중이다.

(A) ~(위)에

(B) ~에(에서)

(C) ~아래에

(D) ~뒤에

풀이 수영장에서 수영한다고 말하기 위해서는 (B)가 정답이다.

Words and Phrases pool 수영장 | swim 수영하다

3. Cats can ______ up a tree.

(A) climb

(B) climbs

(C) climbing

(D) be climb

해석 고양이는 나무를 오를 수 있다.

(A) 오르다 (동사원형)

(B) 오르다 (3인칭 단수형)

(C) 오르고 있는

(D) 틀린 표현

풀이 조동사 뒤에는 동사원형이 와야 하므로 (A)가 정답이다

Words and Phrases climb up ...(위)에 오르다

4. ______ candy tastes sweet.

(A) This

(B) These

(C) That's

(D) Those

해석 이 사탕은 단 맛이 난다.

(A) 이것은

(B) 이것들은

(C) 저것은 ~이다

(D) 저것들은

풀이 '이 사탕은'이라고 표현하기 위해서는 (A)가 정답이다.

Words and Phrases taste ~한 맛이 나다 | sweet 단

5. I______ two eyes.

(A) has

(B) have

(C) having

(D) to have

해석 나는 두 개의 눈을 가지고 있어.

(A) 가지고 있다 (have의 3인칭 단수형)

(B) 가지고 있다

(C) 가지기 있는

(D) 가지고 위해

풀이 주어가 'I' 이기 때문에 1인칭 단수형 동사가 와야 하므로 (B)가 정답이다.

Words and Phrases eyes 눈

Part B. Situational Writing (p.56)

6. The boy is ______.

(A) dry

(B) old

(C) wet

(D) fast

해석 소년은 젖었다.

(A) 건조하다

(B) 늙었다

(C) 젖었다

(D) 빠르다

풀이 물이 튀어 소년이 젖었으므로 (C)가 정답이다.

Words and Phrases dry 건조한, 마른 | fast 빠른 | old 늙은 | wet 젖은, 축축한

7. My sister is _________.

(A) a nurse

(B) a teacher

(C) a pianist

(D) a bus driver

해석 내 누나(언니)는 간호사이다.

(A) 간호사

(B) 선생님

(C) 피아니스트

(D) 버스 운전사

풀이 간호사 옷을 입고 있는 그림이므로 (A)가 정답이다.

Words and Phrases nurse 간호사 | driver 운전사

8. He works __________.

(A) at the zoo

(B) at the bank

(C) on the farm

(D) in the office

해석 그는 농장에서 일한다.

(A) 동물원에서

(B) 은행에서

(C) 농장에서

(D) 사무실에서

풀이 농장에서 가축을 돌보는 모습의 그림이므로 (C)가 정답이다.

Words and Phrases zoo 동물원 | work 일하다 | bank 은행 | farm 농장 | office 사무실

9. There is ________ on the desk.

(A) a fan

(B) a cup

(C) a lamp

(D) a book

해석 책상 위에 선풍기가 있다.

(A) 선풍기

(B) 컵

(C) 램프

(D) 책

풀이 책상 위에 선풍기가 놓여 있으므로 (A)가 정답이다.

Words and Phrases fan 선풍기 | desk 책상

10. Dad is ________ the house.

(A) drawing

(B) painting

(C) cleaning

(D) climbing

해석 아빠는 집을 페인트 칠하는 중이다.

(A) 그리는 중
(B) 페인트 칠하는 중
(C) 청소하는 중
(D) 등반하는 중

풀이 사다리를 타고 올라가 페인트 칠을 하고 있으므로 (B)가 정답이다.

Words and Phrases draw 그리다 | paint 페인트 칠하다 | clean 청소하다 | climb 오르다, 등반하다

Part C. Reading and Retelling (p.58)

[11–12]

11. How many days will be sunny this week?
(A) one
(B) two
(C) three
(D) four

12. How will the weather be on Sunday?
(A) sunny
(B) rainy
(C) windy
(D) cloudy

해석

이번주 날씨 월 / 화 / 수 / 목 / 금 / 토 / 일

11. 이번주에 맑은 날은 며칠인가?
(A) 하루
(B) 이틀
(C) 사흘
(D) 나흘

12. 일요일의 날씨는 어떤가?
(A) 맑은
(B) 비 오는
(C) 바람 부는
(D) 구름 낀

풀이 그림을 보면 월요일, 화요일, 목요일 총 3일간 해가 떠 있으므로 11번의 정답은 (C)이다.

일요일에는 구름이 있으므로 12번의 정답은 (D)이다.

Words and Phrases sunny 맑은 | rainy 비 오는 | windy 바람 부는 | cloudy 구름 낀

[13–14]

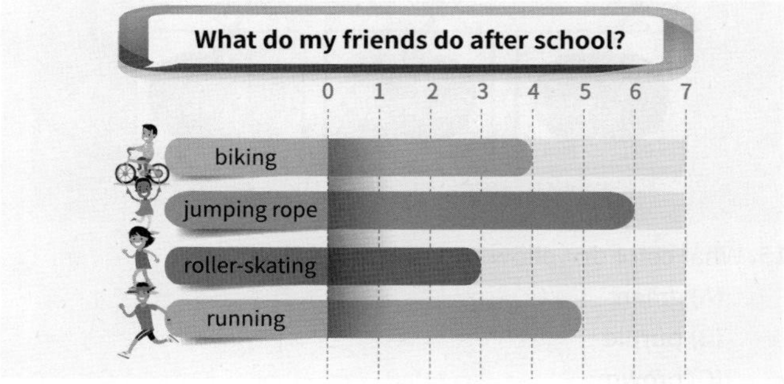

13. How many friends go roller-skating?
(A) three
(B) four
(C) five
(D) six

14. What do my friends do the most?
(A) biking
(B) running
(C) jumping rope
(D) roller-skating

해석

내 친구들은 방과 후에 무엇을 할까? 자전거 타기: 4 줄넘기 하기: 6 롤러스케이트 타기: 3 달리기: 5

13. 롤러 스케이트를 타는 친구는 몇 명인가?
(A) 3
(B) 4
(C) 5
(D) 6

14. 가장 많은 친구들이 하는 활동은 무엇인가?
(A) 자전거 타기
(B) 달리기
(C) 줄넘기 하기
(D) 롤러스케이트 타기

풀이 그림을 보면 롤러 스케이트를 타는 것은 세 명이므로 13번의 정답은 (A)이다.

줄넘기를 하는 사람이 6명으로 제일 많으므로 14번의 정답은 (C)이다.

Words and Phrases bike 자전거 타다 | running 달리기 | jump rope 줄넘기 하다 | roller-skating 롤러스케이트 타기

[15-16]

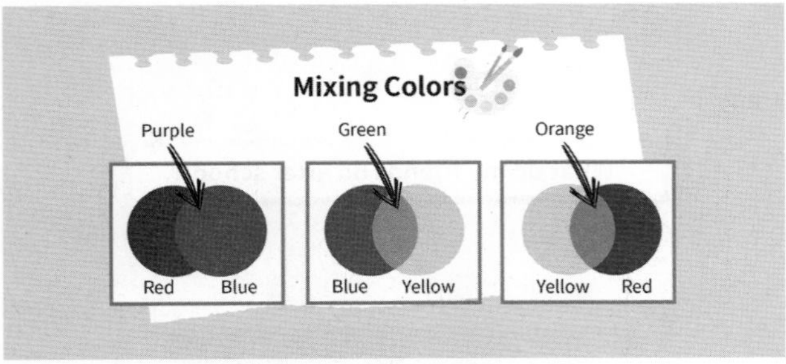

15. What color do yellow and red make?

(A) green
(B) purple
(C) brown
(D) orange

16. How can you get green?

(A) by mixing red and blue
(B) by mixing yellow and red
(C) by mixing blue and yellow
(D) by mixing green and orange

해석

색상 혼합 표		
빨강+파랑=보라	파랑+노랑=초록	노랑+빨강=주황

15. 노랑과 빨강으로는 무슨 색을 만들 수 있는가?

(A) 초록색
(B) 보라색
(C) 갈색
(D) 주황색

16. 초록색을 얻기 위해서는 어떻게 해야 하는가?

(A) 빨강과 파랑을 섞는다
(B) 노랑과 빨강을 섞는다
(C) 파랑과 노랑을 섞는다
(D) 초록과 주황을 섞는다

풀이 그림을 보면 노랑과 빨강 사이에 주황이 있으므로 15번의 정답은 (D)이다.
파랑과 노랑 사이에 초록이 있으므로 16번의 정답은 (C)이다.

Words and Phrases purple 보라색 | brown 갈색 | mix 섞다

[17-18]

I live in the hot desert. My legs are long. I walk on the hot sand. The desert is very dry. But I have a hump. The hump is on my back. I can go a long way without water.

17. What am I?

(A) a lion
(B) a zebra
(C) a camel
(D) a snake

18. How is the weather in the desert?

(A) hot
(B) cold
(C) cool
(D) warm

해석 나는 뜨거운 사막에 산다. 나는 긴 다리를 가지고 있다. 나는 뜨거운 모래 위를 걷는다. 사막은 매우 건조하다. 그러나 나는 혹이 있다. 그 혹은 내 등에 있다. 나는 물 없이 긴 여행을 떠날 수 있다.

17. 나는 무엇일까?

(A) 사자
(B) 얼룩말
(C) 낙타
(D) 뱀

18. 사막의 날씨는 어떤가?

(A) 뜨거운
(B) 추운
(C) 시원한
(D) 따뜻한

풀이 내용 설명에 가장 잘 맞는 것은 낙타이므로 17번의 정답은 (C)이다.
사막의 날씨는 뜨겁다고 했으므로 18번의 정답은 (A)이다.

Words and Phrases hot 뜨거운 | desert 사막 | sand 모래 | dry 건조한 | without ~없이 | hump 혹 | back 뒤, 등

[19-20]

Jane and Mary are good friends. They are in the same class. Jane is good at math. She always helps Mary with math homework. Mary helps Jane with English, because it is Mary's favorite subject.

19. What is Jane good at?

(A) math
(B) English
(C) science
(D) Korean

20. What is Mary's favorite subject?
(A) math
(B) English
(C) science
(D) Korean

해석 Jane과 Mary는 좋은 친구들이다. 그들은 같은 반이다. Jane은 수학을 잘한다. 그녀는 항상 Mary가 수학 숙제를 하는 걸 돕는다. Mary는 Jane의 영어를 돕는데, 왜냐하면 그것이 Mary가 가장 좋아하는 과목이기 때문이다.

19. Jane은 무엇을 잘하는가?
(A) 수학
(B) 영어
(C) 과학
(D) 한국어

20. Mary가 가장 좋아하는 과목은 무엇인가?
(A) 수학
(B) 영어
(C) 과학
(D) 한국어

풀이 Jane은 수학을 잘한다고 했으므로 19번의 정답은 (A)이다.
Mary는 영어를 가장 좋아한다고 했으므로 20번의 정답은 (B)답이다.

Words and Phrases same 같은 | be good at ~를 잘하다 | help A with B A가 B하는 것을 돕다 | favorite 가장 좋아하는 | subject 과목, 주제

TOSEL STARTER

실전 4회

Section I Listening and Speaking

1 (C)	2 (B)	3 (A)	4 (A)	5 (B)
6 (C)	7 (B)	8 (A)	9 (B)	10 (B)
11 (A)	12 (C)	13 (C)	14 (A)	15 (B)
16 (A)	17 (B)	18 (A)	19 (C)	20 (C)

Section II Reading and Writing

1 (A)	2 (C)	3 (C)	4 (B)	5 (A)
6 (A)	7 (D)	8 (B)	9 (A)	10 (C)
11 (A)	12 (B)	13 (B)	14 (B)	15 (A)
16 (A)	17 (A)	18 (C)	19 (A)	20 (B)

SECTION I LISTENING AND SPEAKING

Part A. Listen and Recognize (p.65)

1. Girl: They are riding a bike.
정답 (C)
해석 소녀: 그들은 자전거를 타고 있다.
풀이 소녀가 자전거를 타고 있다고 했으므로 자전거를 타고 있는 아이들 그림 (C)가 정답이다.
Words and Phrases ride a bike 자전거를 타다

2. Boy: The grass is green.
정답 (B)
해석 소년: 잔디가 초록색이다.
풀이 소년이 잔디가 초록색이라고 했으므로 초록색 잔디밭 그림 (B)가 정답이다.
Words and Phrases grass 잔디 | green 초록색

3. Girl: There is a bird on the tree.
정답 (A)
해석 소녀: 나무 위에 새가 있다.
풀이 소녀가 나무 위에 새가 있다고 했으므로 나무 위에 새가 있는 그림 (A)가 정답이다.
Words and Phrases bird 새 | tree 나무

4. Boy: My uncle is a pilot.
정답 (A)
해석 소년: 우리 삼촌은 비행기 조종사이다.
풀이 소년이 자신의 삼촌이 비행기 조종사라고 했으므로 비행기 앞에 서 있는 조종사 그림 (A)가 정답이다.
Words and Phrases uncle 삼촌 | pilot 비행기 조종사

5. Girl: It is seven thirty.
정답 (B)
해석 소녀: 7시 30분이다.
풀이 소녀가 7시 30분이라고 했으므로 시계가 7시 30분을 가리키는 그림 (B)가 정답이다.
Words and Phrases thirty 삼십

Part B. Listen and Respond (p.67)

6. Boy: Do you like summer?
Girl: ____________
(A) Yes, I like winter.
(B) Yes, she likes summer.
(C) No, summer is too hot.
해석 소년: 너는 여름을 좋아하니?
소녀: ________________
(A) 응, 나는 겨울을 좋아해.
(B) 응, 그녀는 여름을 좋아해.
(C) 아니, 여름은 너무 더워.
풀이 소년이 여름을 좋아하냐고 질문한 것에 대하여 소녀가 좋아하지 않는다고 대답한 (C)가 정답이다.
Words and Phrases summer 여름 | winter 겨울

7. Girl: Is there a book on the desk?
Boy: ____________
(A) Yes, they are reading a book.
(B) No, there's a book on the sofa.
(C) No, I'm reading a book.
해석 소녀: 책상 위에 책이 있니?
소년: ______________
(A) 응, 그들은 책을 읽고 있어.
(B) 아니, 소파 위에 책이 있어.
(C) 아니, 나는 책을 읽고 있어.
풀이 소녀가 책상 위에 책이 있냐고 물은 질문에 소년이 책이 소파 위에 있다고 대답한 (B)가 정답이다.
Words and Phrases book 책 | desk 책상

8. Boy: Does she want a yellow dress?
Girl: ______________
(A) Yes, she does.
(B) Yes, she can.
(C) No, she isn't.
해석 소년: 그녀는 노란색 원피스를 원하니?
소녀: ________________
(A) 응, 그녀는 원해.
(B) 응, 그녀는 할 수 있어.
(C) 아니, 그녀는 아니야.
풀이 'does'로 질문했을 때 대답을 does로 끝내는 것이 원칙이므로 (A)가 정답이다.
Words and Phrases dress 원피스 | yellow 노란색

9. Girl: Whose toothbrush is this?
Boy: ______________
(A) I brush my teeth.
(B) It is mine.
(C) This is a toothbrush.
해석 소녀: 이것은 누구의 칫솔이니?
소년: ________________
(A) 나는 양치를 한다.
(B) 그것은 나의 것이다.
(C) 이것은 칫솔이다.
풀이 소녀가 누구의 칫솔이냐고 물어봤기 때문에 소년이 나의 것이라고 대답한 (B)가 정답이다.
Words and Phrases toothbrush 칫솔

10. Boy: Will you turn off the light, please?
Girl: ______________
(A) OK, I'll turn it on.
(B) OK, I'll turn it off.
(C) Let's do it together.
해석 소년: 전등 좀 꺼주실 수 있나요?
소녀: ________________
(A) 네. 그것을 켜드릴게요.
(B) 네. 그것을 꺼드릴게요.
(C) 그것을 같이 해요.
풀이 소년이 불을 꺼달라는 요청에 소녀가 꺼준다는 대답이 적절하므로 (B)가 정답이다.
Words and Phrases turn off 끄다 | light 전등

Part C. Listen and Retell (p.68)

11. Girl: Do you like pizza?
Boy: No, I like hamburgers.
Question: What does the boy like?
정답 (A)
해석 소녀: 너는 피자 좋아해?
소년: 아니, 나는 햄버거 좋아해.
질문: 소년이 좋아하는 것은 무엇인가?
풀이 소녀가 피자를 좋아하냐고 한 질문에 소년은 햄버거를 좋아한다고 했으므로 (A)가 정답이다.
Words and Phrases hamburger 햄버거 | pizza 피자

12. Boy: How is your father?
Girl: He's sick. He is in the hospital.
Question: Where is the girl's father?
정답 (C)
해석 소년: 너희 아빠 어떠시니?
소녀: 그는 아프셔. 그는 병원에 계셔.
질문: 소녀의 아빠는 어디에 있는가?
풀이 소년이 소녀에게 그녀의 아빠가 어떠시냐고 물은 질문에 소녀는 자신의 아빠가 아프셔서 병원에 계신다고 했으므로 (C)가 정답이다.
Words and Phrases sick 아픈 | hospital 병원

13. Girl: Is it rainy outside?
Boy: Yes. It is rainy and windy.
Question: How is the weather?

정답 (C)

해석 소녀: 밖에 비 와?
소년: 응. 비가 오고 바람이 불어.
질문: 날씨가 어떠한가?

풀이 소녀가 소년에게 밖에 비가 오냐고 물은 질문에 소년은 비가 오고 바람이 분다고 했으므로 (C)가 정답이다.

Words and Phrases rainy 비가 오는 | windy 바람이 부는 | weather 날씨

14. Boy: Can I borrow a pencil?
Girl: Sure. Here it is.
Question: What does the boy need?

정답 (A)

해석 소년: 내가 연필 좀 빌려도 될까?
소녀: 응, 여깄어.
질문: 소년은 무엇이 필요한가?

풀이 소년이 소녀에게 연필을 빌려달라고 했으므로 (A)가 정답이다.

Words and Phrases borrow 빌리다 | pencil 연필

15. Girl: Where are you going, Tom?
Boy: I'm going to the airport.
Question: Where is the boy going?

정답 (B)

해석 소녀: Tom, 어디 가는 중이야?
소년: 나는 공항에 가는 중이야.
질문: 소년은 어디에 가는 중인가?

풀이 소녀가 소년에게 어디 가냐고 물은 질문에 소년은 공항에 가는 중이라고 했으므로 (B)가 정답이다.

Words and Phrases airport 공항

16. Boy: I like to read books. I like to read about animals. I read every day.
Question: What does the boy like to do?
(A) read books
(B) play every day
(C) play with animals

해석 소년: 나는 책을 읽는 것을 좋아한다. 나는 동물에 관해 읽는 것을 좋아한다. 나는 매일 읽는다.
질문: 소년은 무엇을 하기를 좋아하는가?
(A) 책 읽기
(B) 매일 놀기
(C) 동물들과 놀기

풀이 소년은 책 읽기를 좋아한다고 했으므로 (A)가 정답이다.

Words and Phrases book 책 | animal 동물 | every day 매일

17. Girl: Roses are my favorite flower. They come in many colors: red, pink, yellow and white. I like pink roses the most.
Question: Which flower does the girl like most?
(A) red roses
(B) pink roses
(C) white roses

해석 소녀: 장미는 내가 가장 좋아하는 꽃이다. 그것들은 많은 색깔이 있다: 빨간색, 분홍색, 노란색 그리고 흰색이 있다. 나는 분홍색 장미를 가장 좋아한다.
질문: 소녀가 가장 좋아하는 꽃은 무엇인가?
(A) 빨간 장미
(B) 분홍 장미
(C) 하얀 장미

풀이 소녀가 마지막에 "I like pink roses the most."라고 했으므로 (B)가 정답이다.

Words and Phrases rose 장미 | favorite 가장 좋아하는 | flower 꽃 | red 빨간색 | pink 분홍색 | yellow 노란색 | white 하얀색 | most 가장

18. Boy: I have piano lessons on Mondays. I take art classes on Wednesdays. And I go to swimming lessons every Friday.
Question: When does the boy have piano lessons?
(A) on Mondays
(B) on Wednesdays
(C) on Fridays

해석 소년: 나는 매주 월요일마다 피아노 수업이 있다. 나는 수요일마다 미술 수업을 듣는다. 그리고 나는 매주 금요일마다 수영 강습을 간다.
질문: 소년은 피아노 수업이 언제 있는가?
(A) 월요일마다
(B) 수요일마다
(C) 금요일마다

풀이 소년은 매주 월요일마다 피아노 수업이 있다고 했으므로 (A)가 정답이다.

Words and Phrases on Mondays 월요일마다 | on Wednesdays 수요일마다

19. Girl: In Australia summer starts in December and ends in March. But summer starts in June and ends in September here in Korea.
Question: When does summer start in Australia?
(A) in March
(B) in September
(C) in December

해석 소녀: 호주에서는 여름이 12월에 시작해서 3월에 끝난다. 그러나 여기 한국에서는 여름이 6월에 시작해서 9월에 끝난다.
질문: 호주에서는 여름이 언제 시작되는가?
(A) 3월에
(B) 9월
(C) 12월에

풀이 소녀가 호주의 여름은 12월에 시작하다고 했으므로 (C)가 정답이다.

Words and Phrases Australia 호주 | summer 여름 | December 12월 | March 3월 | June 6월 | September 9월

20. Boy: My little brother drew a big circle for a face. He added two small hearts for the eyes. He drew a small triangle for a nose. For a mouth he added a small circle.

Question: What did the boy draw for a nose?

(A) a heart
(B) a circle
(C) a triangle

해석 소년: 나의 남동생은 큰 동그라미를 그려 얼굴을 만들었다. 그는 눈에다가 작은 하트 두 개를 더했다. 그는 코에 삼각형을 그렸다. 입에다가는 작은 원을 더했다.

질문: 소년은 코에다가 무엇을 그렸는가?

(A) 하트
(B) 동그라미
(C) 세모

풀이 소년은 코에다가 세모를 그렸다고 했으므로 (C)가 정답이다.

Words and Phrases little brother 남동생 | circle 동그라미 | face 얼굴 | small 작은 | eye 눈 | triangle 세모, 삼각형 | nose 코 | small 작은 | circle 동그라미, 원

SECTION II READING AND WRITING

Part A. Sentence Completion (p.72)

1. Every morning I ______ cereal.

(A) eat
(B) eats
(C) eating
(D) to eat

해석 매일 아침 나는 시리얼을 먹는다.

(A) 먹다(동사원형)
(B) 먹다(3인칭 단수형)
(C) 먹는 중이다
(D) 먹기 위해서

풀이 'I'는 1인칭 단수로 이에 일치하는 형태의 동사원형이 와야 하므로 (A)가 정답이다.

2. ______ are you going?

(A) How
(B) What
(C) Where
(D) Which

해석 너는 지금 어디에 가는 중이야?

(A) 어떻게
(B) 무엇을
(C) 어디에
(D) 어느

풀이 뒤에 동사 'go'는 '가다'라는 표현으로 어디로 가는지 물어보기 위해서는 (C)가 정답이다.

Words and Phrases how 어떻게 | what 무엇을 | where 어디에 | which 어느

3. Mary is ______ a blue skirt.

(A) wear
(B) wears
(C) wearing
(D) to wear

해석 Mary는 파란색 치마를 입고 있다.

(A) 입다(동사원형)
(B) 입다(3인칭 단수형)
(C) 입고 있는
(D) 입는 것

풀이 Mary가 파란색 치마를 입고 있는 모습에 대해 이야기하는 문장으로 (C)가 정답이다.

Words and Phrases skirt 치마 | wear 입다

4. ______ cap is blue.

(A) I
(B) My
(C) Me
(D) Mine

해석 나의 모자는 파란색이다.

(A) 나는(주격)
(B) 나의(소유격)
(C) 나를(목적격)
(D) 나의 것(소유대명사)

풀이 '나의 것'을 나타내기 위해서는 1인칭 단수 소유격이 와야 하므로 (B)가 정답이다.

Words and Phrases cap 모자 | blue 파란색

5. It ______ cold in winter.

(A) is
(B) be
(C) are
(D) to be

해석 겨울에는 춥다.

(A) ~이다(3인칭 단수)
(B) ~이다(동사원형)
(C) ~이다(복수)
(D) ~가 되다

풀이 주어가 'it'으로 be 동사는 3인칭 단수형이 와야 하므로 (A)가 정답이다.

Words and Phrases cold 추운 | winter 겨울

Part B. Situational Writing (p.73)

6. She is at the ______ section.

(A) fruits
(B) shoes
(C) clothes
(D) flowers

해석 그녀는 과일 코너에 있다.
(A) 과일
(B) 신발
(C) 옷
(D) 꽃
풀이 그림에서 아주머니가 과일 사는 모습을 나타내고 있으므로 (A)가 정답이다.
Words and Phrases section 구역 | clothes 옷 | shoes 신발 | flower 꽃 | fruit 과일

7. A ______ is on the flower.
(A) fly
(B) bee
(C) bird
(D) butterfly
해석 나비가 꽃 위에 있다.
(A) 파리
(B) 벌
(C) 새
(D) 나비
풀이 그림에서 나비가 꽃 위에 앉아 있으므로 (D)가 정답이다.
Words and Phrases flower 꽃 | fly 파리 | bee 벌 | bird 새 | butterfly 나비

8. The boy has a ______.
(A) red ball
(B) blue ball
(C) red balloon
(D) blue balloon
해석 소년은 파란색 공을 가지고 있다.
(A) 빨간색 공
(B) 파란색 공
(C) 빨간색 풍선
(D) 파란색 풍선
풀이 그림에서 소년은 파란색 공을 가지고 있으므로 (B)가 정답이다.
Words and Phrases red 빨간색 | blue 파란색 | ball 공 | balloon 풍선

9. The cat is ______ the bench.
(A) on
(B) by
(C) near
(D) under
해석 고양이는 벤치 위에 있다.
(A) ~위에
(B) ~옆에
(C) ~가까이
(D) ~아래에
풀이 그림에서 고양이는 벤치 위에 있으므로 (A)가 정답이다.
Words and Phrases cat 고양이 | bench 벤치 | on ~위에 | by ~옆에 | near ~가까이 | under ~아래에

10. My ______ hurt.
(A) feet
(B) arms
(C) knees
(D) hands
해석 나의 무릎이 아프다.
(A) 발
(B) 팔
(C) 무릎
(D) 손
풀이 그림에서 소녀가 무릎을 잡고 아파하고 있으므로 (C)가 정답이다.
Words and Phrases hurt 아프다 | foot 발 | arm 팔 | knee 무릎 | hand 손

Part C. Reading and Retelling (p.75)

[11–12]

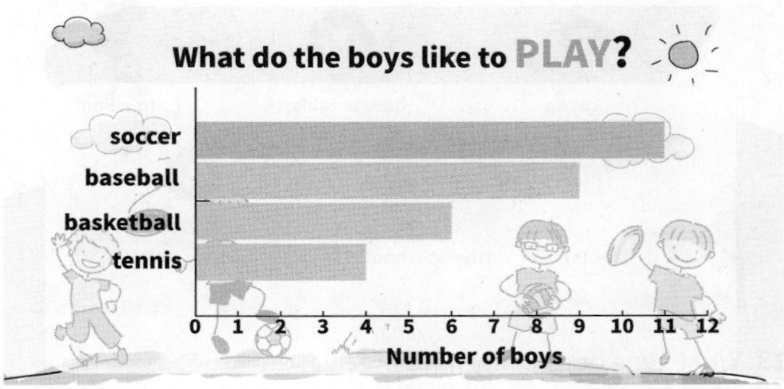

11. What do the boys like to play most?
(A) soccer
(B) tennis
(C) baseball
(D) basketball

12. How many boys like to play basketball?
(A) four
(B) six
(C) nine
(D) eleven

해석

소년들이 경기하기 가장 좋아하는 것은 무엇인가?
축구 (11명)
야구 (9명)
농구 (6명)
테니스 (4명)

11. 소년들이 가장 좋아하는 경기는 무엇인가?
(A) 축구
(B) 테니스
(C) 야구
(D) 농구

12. 몇 명의 소년들이 농구하기를 좋아하는가?

(A) 4명
(B) 6명
(C) 9명
(D) 11명

풀이 그래프를 보면 소년들이 가장 좋아하는 경기는 축구이므로 11번의 정답은 (A)이다.

그래프를 보면 농구하기를 좋아한다고 답한 소년들은 6명이므로 12번의 정답은 (B)이다.

Words and Phrases play 경기를 하다 | soccer 축구 | baseball 야구 | basketball 농구 tennis 테니스

[13-14]

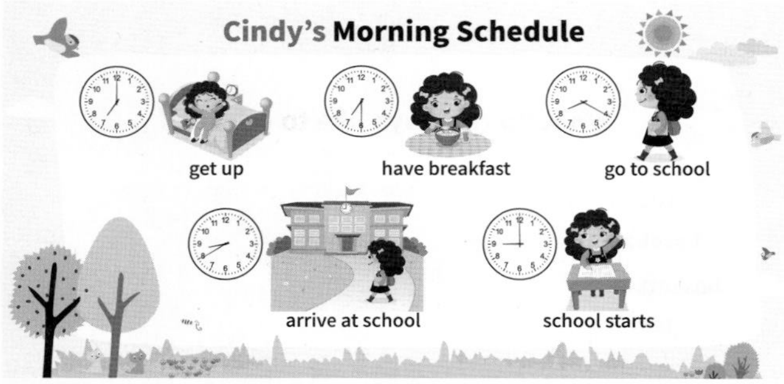

13. What time does Cindy have breakfast?

(A) at seven
(B) at seven-thirty
(C) at eight-twenty
(D) at eight-forty

14. Where is Cindy at 9:00?

(A) at home
(B) at school
(C) at the park
(D) at the bus stop

해석

Cindy의 아침 일과
7시 기상 7시 30분 아침식사 8시 20분 등교 8시 40분 학교 도착 9시 수업 시작

13. Cindy는 몇 시에 아침식사를 하는가?

(A) 7시에
(B) 7시 30분에
(C) 8시 20분에
(D) 8시 40분에

14. Cindy는 9시에 어디 있는가?

(A) 집에
(B) 학교에
(C) 공원에
(D) 버스 정류장에

풀이 일과표에서 Cindy는 7시 30분에 아침식사를 하므로 13번의 정답은 (B)이다.

일과표에서 Cindy는 9시에 수업이 시작한다고 했으므로 14번의 정답은 (B)이다.

Words and Phrases breakfast 아침식사 | bus stop 버스 정류장 | park 공원

[15-16]

15. Whose birthday is it?

(A) Jack's
(B) Sally's
(C) Jack's Mom's
(D) Jack's and Sally's

16. When is the birthday party?

(A) June 7th
(B) June 17th
(C) July 7th
(D) July 17th

해석

Jack의 7번째 생일파티
날짜: 6월 7일 일요일 시간: 오후 2시 장소: Sally의 케이크집 Jack 엄마한테 전화해라(Jack 엄마 전화번호): 555-998-0022

15. 누구의 생일인가?

(A) Jack의 생일
(B) Sally의 생일
(C) Jack 엄마의 생일
(D) Jack과 Sally의 생일

16. 생일 파티는 언제인가?

(A) 6월 7일
(B) 6월 17일
(C) 7월 7일
(D) 7월 17일

풀이 초대장에서 'Jack의 7번째 생일'이라고 보여주고 있으므로 15번의 정답은 (A)이다.

초대장에서 생일파티의 날짜는 '6월 7일 일요일'이라고 보여주고 있으므로 16번의 정답은 (A)이다.

Words and Phrases birthday party 생일파티 | Sunday 일요일

[17-18]

Bill's father is a pilot. He flies to many different countries. He goes to England, France and Italy. He is in France now. He will come home in three days. Bill misses his father very much.

17. What does Bill's father do?

(A) He is a pilot.
(B) He is a doctor.
(C) He is a teacher.
(D) He is a police officer.

18. Where is Bill's father now?

(A) in Italy
(B) in China
(C) in France
(D) in England

해석 Bill의 아빠는 비행기 조종사이다. 그는 비행기를 타고 여러 나라로 간다. 그는 영국, 프랑스 그리고 이탈리아에 간다. 그는 현재 프랑스에 있다. 그는 3일 이내로 집에 올 것이다. Bill은 자신의 아빠를 매우 그리워한다.

17. Bill의 아빠의 직업은 무엇인가?

(A) 그는 비행기 조종사이다.
(B) 그는 의사이다.
(C) 그는 선생님이다.
(D) 그는 경찰관이다.

18. Bill의 아빠는 현재 어디에 있는가?

(A) 이탈리아에
(B) 중국에
(C) 프랑스에
(D) 영국에

풀이 첫 문장에서 Bill의 아빠는 비행기 조종사라고 했으므로 17번의 정답은 (A)이다.

4번째 문장에서 그는 현재 프랑스에 있다고 했으므로 18번의 정답은 (C)이다.

Words and Phrases pilot 비행기 조종사 | miss 그리워하다

[19-20]

Today Betty goes to her uncle's. He lives in the country. He grows many fruits. He grows apples, pears and grapes. He grows strawberries, too. Betty likes apples best. They are very delicious.

19. Where does Betty go?

(A) to her uncle's
(B) to her friend's
(C) to her teacher's
(D) to her grandma's

20. What is Betty's favorite fruit?

(A) pears
(B) apples
(C) grapes
(D) strawberries

해석 Betty는 오늘 그녀의 삼촌을 보러 간다. 그는 시골에 산다. 그는 많은 과일들을 재배한다. 그는 사과, 배 그리고 포도를 재배한다. 그는 딸기도 재배한다. Betty는 사과를 가장 좋아한다. 그것들은 매우 맛있다.

19. Betty는 어디에 가는가?

(A) 그녀의 삼촌한테
(B) 그녀의 친구한테
(C) 그녀의 선생님한테
(D) 그녀의 할머니한테

20. Betty가 가장 좋아하는 과일은 무엇인가?

(A) 배
(B) 사과
(C) 포도
(D) 딸기

풀이 첫 문장에서 오늘 Betty는 삼촌을 보러간다고 했으므로 19번의 정답은 (A)이다.

6번째 문장에서 Betty는 사과를 가장 좋아한다고 했으므로 20번의 정답은 (B)이다.

Words and Phrases uncle 삼촌 | country 시골 | grow 재배하다 | fruit 과일 | apple 사과 | pear 배 | grape 포도 | strawberry 딸기 | delicious 맛있는

실전 5회

Section I Listening and Speaking

1 (A)	2 (C)	3 (B)	4 (A)	5 (B)
6 (A)	7 (C)	8 (A)	9 (B)	10 (C)
11 (B)	12 (C)	13 (A)	14 (A)	15 (C)
16 (C)	17 (B)	18 (B)	19 (A)	20 (B)

Section II Reading and Writing

1 (A)	2 (A)	3 (A)	4 (C)	5 (B)
6 (D)	7 (B)	8 (D)	9 (C)	10 (C)
11 (A)	12 (B)	13 (A)	14 (A)	15 (B)
16 (C)	17 (A)	18 (C)	19 (C)	20 (A)

SECTION I LISTENING AND SPEAKING

Part A. Listen and Recognize (p.82)

1. Girl: The cat is eating.
정답 (A)
해석 소녀: 고양이가 먹는 중이다.
풀이 소녀가 고양이가 먹는 중이라고 했으므로 밥을 먹고 있는 그림 (A)가 정답이다.
Words and Phrases eat 먹다

2. Boy: The girl has long hair.
정답 (C)
해석 소년: 소녀는 긴 머리를 가지고 있다.
풀이 소년이 소녀는 긴 머리를 가지고 있다고 했으므로 긴 머리 소녀 그림 (C)가 정답이다.
Words and Phrases hair 머리카락

3. Girl: The boys are playing basketball.
정답 (B)
해석 소녀: 소년들은 농구를 하는 중이다.
풀이 소녀가 소년들이 농구를 하고 있다고 했으므로 농구하는 그림 (B)가 정답이다.
Words and Phrases basketball 농구

4. Boy: The fan is on the wall.
정답 (A)
해석 소년: 선풍기는 벽에 있다.
풀이 소년이 선풍기가 벽에 있다고 했으므로 벽에 선풍기가 있는 그림 (A)가 정답이다.
Words and Phrases fan 선풍기 | wall 벽

5. Girl: The man is walking with a bag.
정답 (B)
해석 소녀: 남자가 가방을 들고 걷는 중이다.
풀이 소녀가 남자가 가방을 들고 걷고 있다고 했으므로 가방을 들고 걷는 남자 그림 (B)가 정답이다.
Words and Phrases walk 걷다 | with ~와 | bag 가방

Part B. Listen and Respond (p.84)

6. Boy: This is my friend, Tommy.
Girl: ____________
(A) Nice to meet you.
(B) I have no friends.
(C) Do you have a friend?
해석 소년: 여긴 내 친구, Tommy야.
소녀: ____________
(A) 만나서 반가워.
(B) 나는 친구가 없어.
(C) 너 친구 있어?
풀이 소년이 자신의 친구를 소개하고 있는 상황으로 소녀는 '만나서 반갑다'라고 대답한 (A)가 정답이다.
Words and Phrases friend 친구

7. Girl: Is it sunny outside?
Boy: ____________
(A) Let's play outside.
(B) Yes, there are.
(C) No, it isn't.
해석 소녀: 밖에 화창하니?
소년: ____________
(A) 우리 밖에서 놀자.
(B) 응, 거기 있어.
(C) 아니, 그렇지 않아.
풀이 소녀가 밖에 날씨가 화창하냐고 물어본 상황으로 소년이 '그렇지 않다'고 대답한 (C)가 정답이다.
Words and Phrases sunny 화창한 | outside 밖에

8. Boy: Can I use your ruler?
Girl: ____________
(A) Sure.
(B) Yes, I can.
(C) No, thanks.
해석 소년: 내가 너의 자를 써도 되겠니?
소녀: ____________
(A) 당연하지.
(B) 응, 나는 할 수 있어.
(C) 아니, 고마워.
풀이 소년이 자를 써도 되냐고 물어본 상황으로 소녀가 써도 된다고 대답한 (A)가 정답이다.
Words and Phrases ruler 자

9. Girl: Have a good day.
Boy: ________________
(A) It is Friday.
(B) You, too.
(C) What a fine day!

해석 소녀: 좋은 하루 보내.
소년: ________________
(A) 금요일이야.
(B) 너도.
(C) 날씨가 정말 좋은 날이군!

풀이 소녀가 좋은 하루를 보내라고 한 상황으로 소년이 '너도'라고 대답한 (B)가 정답이다.

Words and Phrases day 하루, 날

10. Boy: What will you do tomorrow?
Girl: ________________
(A) I play the piano every day.
(B) I played soccer with friends.
(C) I'm going to see a movie.

해석 소년: 내일 무엇을 할 거니?
소녀: ________________
(A) 나는 매일 피아노를 친다.
(B) 나는 친구들과 축구를 했다.
(C) 나는 영화를 보러 갈 것이다.

풀이 소년이 내일 무엇을 할 것이냐고 물어본 상황으로 '~할 것이다'라고 대답한 (C)가 정답이다.

Words and Phrases tomorrow 내일 | piano 피아노 | soccer 축구 | movie 영화

Part C. Listen and Retell (p.85)

11. Girl: I have a pet turtle.
Boy: I keep a few goldfish as pets.
Question: What does the girl keep as a pet?

정답 (B)

해석 소녀: 나는 반려거북이 있다.
소년: 나는 금붕어를 반려동물로 몇 마리 키우고 있어.
질문: 소녀가 반려동물로 키우고 있는 것은 무엇인가?

풀이 소녀는 반려거북이 있다고 했으므로 거북이 그림 (B)가 정답이다.

Words and Phrases pet 반려동물 | turtle 거북이 | goldfish 금붕어

12. Girl: What are you doing?
Boy: I'm drawing a bridge.
Question: What is the boy drawing?

정답 (C)

해석 소녀: 너 뭐하고 있니?
소년: 나는 다리를 그리고 있는 중이야.
질문: 소년이 그리고 있는 것은 무엇인가?

풀이 소년은 다리를 그리고 있다고 했으므로 다리 그림 (C)가 정답이다.

Words and Phrases bridge 다리 | draw 그리다

13. Girl: My dad gives me a ride to school every day.
Boy: I walk to school with my brother.
Question: How does the girl go to school?

정답 (A)

해석 소녀: 우리 아빠는 나를 학교로 매일 태워다 주신다.
소년: 나는 나의 남동생과 학교에 걸어간다.
질문: 소녀는 어떻게 학교에 가는가?

풀이 소녀는 아빠가 매일 학교로 차를 태워 주신다고 했으므로 차 그림 (A)가 정답이다.

Words and Phrases give a ride 태워 주다

14. Boy: How much is this book?
Girl: It's four dollars.
Question: Where is the boy?

정답 (A)

해석 소년: 이 책은 얼마인가요?
소녀: 4달러입니다.
질문: 소년은 어디에 있는가?

풀이 소년이 책 가격을 물어보고 있는 것을 보면 서점에 있다는 사실을 알 수 있으므로 서점 그림 (A)가 정답이다.

Words and Phrases book 책

15. Girl: I like ice cream a lot.
Boy: I like chocolate better than ice cream.
Question: Which does the boy like better?

정답 (C)

해석 소녀: 나는 아이스크림을 매우 좋아한다.
소년: 나는 아이스크림보다 초콜릿이 더 좋다.
질문: 소년은 무엇을 더 좋아하는가?

풀이 소년은 아이스크림보다 초콜릿이 더 좋다고 했으므로 초콜릿 그림 (C)가 정답이다.

Words and Phrases ice cream 아이스크림

16. Boy: My friend, David, has many puppies. He likes to play with the puppies at home. David is a good student, too. He likes to study math and science. He wants to teach children in the future.
Question: What does David want to be?
(A) a vet
(B) a student
(C) a teacher

해석 소년: 내 친구 David는 강아지들이 많이 있다. 그는 집에서 강아지들과 노는 것을 좋아한다. David는 좋은 학생이기도 하다. 그는 수학과 과학을 공부하는 것을 좋아한다. 그는 미래에 아이들을 가르치고 싶어한다.
질문: David는 무엇이 되고 싶은가?
(A) 수의사
(B) 학생
(C) 선생님

풀이 '그는 미래에 아이들을 가르치고 싶다'고 한 말을 통해 선생님이 되고 싶다는 사실을 알 수 있으므로 (C)가 정답이다.

Words and Phrases puppy 강아지 | math 수학 | science 과학 | teach 가르치다 | future 미래 | vet 수의사

17. Girl: I like animals. My favorite animal is the giraffe. Giraffes live in Africa. They have long necks. They eat the leaves of trees.

Question: What is the girl's favorite animal?

(A) a lion

(B) a giraffe

(C) an elephant

해석 소녀: 나는 동물을 좋아한다. 내가 가장 좋아하는 동물은 기린이다. 기린은 아프리카에 산다. 그들은 긴 목을 가지고 있다. 그들은 나무의 잎을 먹는다.

질문: 소녀가 가장 좋아하는 동물은 무엇인가?

(A) 사자

(B) 기린

(C) 코끼리

풀이 소녀가 가장 좋아하는 동물은 기린이라고 했으므로 (B)가 정답이다.

Words and Phrases animal 동물 | favorite 가장 좋아하는 | live 살다 | long 긴 | neck 목 | tree 나무

18. Boy: Table tennis is fun. On Saturdays, I play table tennis with my dad. But this Saturday I will play soccer with him.

Question: What will the boy do this Saturday?

(A) play tennis

(B) play soccer

(C) play table tennis

해석 소년: 탁구는 재미있다. 나는 토요일마다 아빠와 함께 탁구를 친다. 그러나 이번주 토요일에 나는 그와 축구를 할 것이다.

질문: 이번주 토요일에 소년은 무엇을 할 것인가?

(A) 테니스 치기

(B) 축구하기

(C) 탁구 치기

풀이 소년은 이번주 토요일에 아빠와 축구를 한다고 했으므로 (B)가 정답이다.

Words and Phrases on Saturdays 토요일마다 | table tennis 탁구 | soccer 축구

19. Girl: Today is my birthday. I have many presents. I have many candies and cookies too. They are very delicious. I will give some to my brother.

Question: What does the girl NOT have?

(A) flowers

(B) cookies

(C) presents

해석 소녀: 오늘은 나의 생일이다. 나는 선물을 많이 가지고 있다. 나에게는 많은 사탕과 쿠키도 있다. 그것들은 매우 맛있다. 내 남동생에게 몇 개를 줄 것이다.

질문: 소녀가 가지고 있지 않은 것은?

(A) 꽃

(B) 쿠키

(C) 선물

풀이 소녀에게는 선물, 사탕, 쿠키가 있다고 했고 꽃을 가지고 있지 않으므로 (A)가 정답이다.

Words and Phrases birthday 생일 | present 선물 | candy 사탕 | cookie 쿠키 | delicious 맛있는

20. Boy: My father teaches in school. My mother works in a hospital. My uncle cooks in a restaurant. And my aunt takes care of old people.

Question: Where does the boy's mother work?

(A) in school

(B) in a hospital

(C) in a restaurant

해석 소년: 나의 아빠는 학교에서 가르치신다. 나의 엄마는 병원에서 일하신다. 나의 삼촌은 식당에서 요리를 하신다. 그리고 나의 이모는 어르신들을 보살핀다.

질문: 소년의 엄마가 일하는 곳은 어디인가?

(A) 학교에서

(B) 병원에서

(C) 식당에서

풀이 소년의 엄마는 병원에서 일한다고 했으므로 (B)가 정답이다.

Words and Phrases teach 가르치다 | hospital 병원 | uncle 삼촌 | restaurant 식당 | take care of 보살피다 | old people 어르신, 노인

SECTION II READING AND WRITING

Part A. Sentence Completion (p.89)

1. ______ your book to page 17.

(A) Open

(B) Opens

(C) Opening

(D) To opening

해석 너의 책 17쪽을 펴라.

(A) 펴다(동사원형)

(B) 펴다(3인칭 단수형)

(C) 펴는 중

(D) 틀린 표현

풀이 명령문에는 동사원형이 와야 하므로 (A)가 정답이다.

Words and Phrases open (책을) 펼치다, 펴다

2. I'm sleepy. I want to ______ to bed.

(A) go

(B) goes

(C) going

(D) am going

해석 나는 졸려. 나는 자러 가고 싶어.
(A) 가다(동사원형)
(B) 가다(3인칭 단수형)
(C) 가는 중
(D) 가는 중이다
풀이 to부정사 뒤에는 동사원형이 와야 하므로 (A)가 정답이다.
Words and Phrases sleepy 졸린 | go to bed 자러 가다

3. ______ you like swimming?
(A) Do
(B) Are
(C) Does
(D) Have
해석 너는 수영하는 거 좋아하니?
(A) ~하다(동사원형)
(B) ~이다(be동사 복수형)
(C) ~하다(do의 3인칭 단수형)
(D) ~했다
풀이 일반동사가 쓰인 문장의 의문문은 조동사 do를 문장의 처음에 위치시켜서 만든다. 주어가 2인칭 you일 때는 do를 변형시키지 않고 그대로 사용하므로 (A)가 정답이다.
Words and Phrases swimming 수영

4. Please give ______ something to drink.
(A) I
(B) my
(C) me
(D) mine
해석 저에게 마실 무언가를 주세요.
(A) 나(1인칭 단수 주격)
(B) 나의(1인칭 단수 소유격)
(C) 나를, 나에게(1인칭 단수 목적격)
(D) 나의 것(1인칭 단수 소유대명사)
풀이 빈칸은 give의 간접목적어 자리이며 목적격이 쓰여야 하므로 (C)가 정답이다.
Words and Phrases something to drink 마실 무언가

5. ______ are you crying?
(A) How
(B) Why
(C) What
(D) Which
해석 너는 왜 울고 있니?
(A) 어떻게
(B) 왜
(C) 무엇을
(D) 어느 것을
풀이 왜 울고 있는지 물어보기 위해서는 'why'가 와야 하므로 (B)가 정답이다.
Words and Phrases cry 울다

Part B. Situational Writing (p.90)

6. The man is ______.
(A) holding the bowl
(B) washing the dishes
(C) eating the watermelon
(D) cutting the watermelon
해석 남자가 수박을 자르는 중이다.
(A) 그릇을 들고 있는 중
(B) 설거지를 하는 중
(C) 수박을 먹는 중
(D) 수박을 자르고 있는 중
풀이 그림에서 남자가 수박을 자르고 있으므로 (D)가 정답이다.
Words and Phrases wash the dishes 설거지를 하다 | watermelon 수박 | hold 들다 | bowl 그릇 | cut 자르다

7. I want to be a ______.
(A) nurse
(B) pianist
(C) violinist
(D) firefighter
해석 나는 피아니스트가 되고 싶다.
(A) 간호사
(B) 피아니스트
(C) 바이올리니스트
(D) 소방관
풀이 그림에서 피아니스트를 보여주고 있으므로 (B)가 정답이다.
Words and Phrases nurse 간호사 | firefighter 소방관 | pianist 피아니스트 | violinist 바이올리니스트

8. The man on the right is ______.
(A) writing a letter
(B) watching his phone
(C) talking on the phone
(D) reading a newspaper
해석 오른쪽에 있는 남자는 신문을 읽는 중이다.
(A) 편지를 쓰는 중
(B) 그의 핸드폰을 보는 중
(C) 전화를 하는 중
(D) 신문을 읽는 중
풀이 그림에서 오른쪽 남자는 신문을 읽고 있으므로 (D)가 정답이다.
Words and Phrases watch 보다 | phone 핸드폰 | read 읽다 | newspaper 신문 | write 쓰다 | letter 편지

9. There ______.
(A) is one boy
(B) are two girls
(C) are two boys
(D) are three girls

해석 저기에 소년 두 명이 있다.

(A) 소년 한 명이 있다
(B) 소녀 두 명이 있다
(C) 소년 두 명이 있다
(D) 소녀 세 명이 있다

풀이 그림에서 소녀 한 명, 소년 두 명이 있으므로 (C)가 정답이다.

Words and Phrases one 하나 | two 둘

10. It is September _____ today.

(A) fifth
(B) tenth
(C) fifteenth
(D) twentieth

해석 오늘은 9월 15일이다.

(A) 5일
(B) 10일
(C) 15일
(D) 20일

풀이 그림에서 달력이 9월 15일을 나타내고 있으므로 (C)가 정답이다.

Words and Phrases September 9월

Part C. Reading and Retelling (p.92)

[11–12]

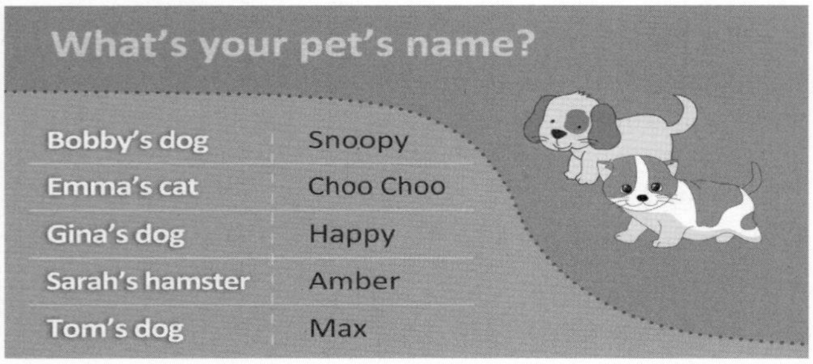

What's your pet's name?

Bobby's dog	Snoopy
Emma's cat	Choo Choo
Gina's dog	Happy
Sarah's hamster	Amber
Tom's dog	Max

11. Whose pet's name is Max?

(A) Tom's
(B) Gina's
(C) Emma's
(D) Bobby's

12. How many kids have pet dogs?

(A) two
(B) three
(C) four
(D) five

해석

너의 반려견 이름이 무엇이니?

Bobby의 강아지: Snoopy
Emma의 고양이: Choo Choo
Gina의 강아지: Happy
Sarah의 햄스터: Amber
Tom의 강아지: Max

11. 누구의 반려동물 이름이 Max인가?

(A) Tom의
(B) Gina의
(C) Emma의
(D) Bobby의

12. 몇 명의 아이들이 반려견을 키우고 있는가?

(A) 2명
(B) 3명
(C) 4명
(D) 5명

풀이 표를 보면 Max는 Tom의 강아지이므로 11번의 정답은 (A)이다.

표를 보면 강아지를 키우는 아이들은 3명이므로 12번의 정답은 (B)이다.

Words and Phrases pet 반려동물 | dog 개 | cat 고양이 | hamster 햄스터

[13–14]

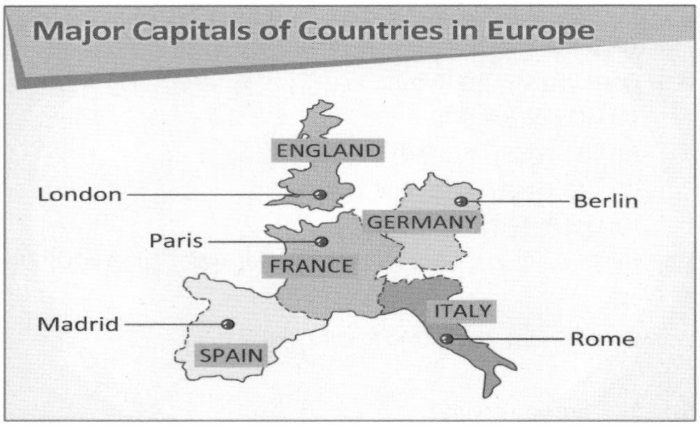

13. What is the capital of France?

(A) Paris
(B) Berlin
(C) London
(D) Madrid

14. Rome is the capital of _____ .

(A) Italy
(B) Spain
(C) France
(D) England

해석

유럽에 있는 나라의 주요 수도 영국 - 런던 독일 - 베를린 프랑스 - 파리 이탈리아 - 로마 스페인 - 마드리드

13. 프랑스의 수도는 어디인가?
    (A) 파리
    (B) 베를린
    (C) 런던
    (D) 마드리드

14. 로마는 ______ 의 수도이다.
    (A) 이탈리아
    (B) 스페인
    (C) 프랑스
    (D) 영국

풀이 지도에서 프랑스의 수도는 파리라고 나타나 있으므로 13번의 정답은 (A)이다.

지도에서 로마가 수도인 곳은 이탈리아라고 나타나 있으므로 14번의 정답은 (A)이다.

Words and Phrases major 주요한 | country 나라 | capital 수도

[15-16]

My Favorite Fruit

	Apple	Kiwi	Mango	Mango	Orange
Eric	O	X	O	O	X
Susan	O	O	X	X	O
Jason	O	X	X	O	O
Mary	O	O	X	X	O

15. Which is the most popular fruit?
    (A) kiwi
    (B) apple
    (C) mango
    (D) banana

16. Who likes apples, mangos and oranges?
    (A) Eric
    (B) Susan
    (C) Jason
    (D) Mary

해석

내가 가장 좋아하는 과일 표의 가로 순서대로: 사과, 바나나, 키위, 망고, 오렌지 (세로는 이름: 생략)

15. 가장 인기가 많은 과일은 무엇인가?
    (A) 키위
    (B) 사과
    (C) 망고
    (D) 바나나

16. 누가 사과, 망고 그리고 오렌지를 좋아하는가?
    (A) Eric
    (B) Susan
    (C) Jason
    (D) Mary

풀이 표에서 가장 동그라미 표시가 많은 과일은 사과이므로 15번의 정답은 (B)이다.

표에서 사과, 망고 그리고 오렌지에 동그라미 표시가 있는 사람은 Jason이므로 16번의 정답은 (C)이다.

Words and Phrases favorite 가장 좋아하는 | apple 사과 | banana 바나나 | kiwi 키위 | mango 망고

[17-18]

Jimmy gets up at 7:00 in the morning. He eats breakfast at 7:30 and leaves for school at 8:00. He usually has four or five classes at school. After school, he plays basketball with his friends and comes home at 3:00.

17. When does Jimmy get up in the morning?
    (A) at 7:00
    (B) at 7:30
    (C) at 8:00
    (D) at 3:00

18. How many classes does Jimmy have?
    (A) two or three
    (B) three or four
    (C) four or five
    (D) five or six

해석 Jimmy는 아침 7시에 일어난다. 그는 7시 30분에 아침식사를 하고 8시에 학교에 간다. 그는 보통 학교에서 4~5개 수업이 있다. 학교가 끝나면 그는 그의 친구들과 농구를 하고 3시에 집에 온다.

17. Jimmy는 아침에 언제 일어나는가?
(A) 7시에
(B) 7시 30분에
(C) 8시에
(D) 3시에

18. Jimmy는 수업이 몇 개 있는가?
(A) 2개 또는 3개
(B) 3개 또는 4개
(C) 4개 또는 5개
(D) 5개 또는 6개

풀이 Jimmy는 아침 7시에 일어난다고 했으므로 17번의 정답은 (A)이다.

Jimmy는 학교에서 4~5개 수업이 있다고 했으므로 18번의 정답은 (C)이다.

Words and Phrases get up 일어나다 | morning 아침 | breakfast 아침식사 | leave 떠나다 | usually 보통 | basketball 농구

[19-20]

Today, we have a new friend in our class. Her name is Alice. Alice is from England. She is 8 years old like me. She has long blonde hair and blue eyes. She is tall and thin. I'm glad she sits next to me.

19. Where is Alice from?
(A) France
(B) America
(C) England
(D) Australia

20. What color eyes does Alice have?
(A) blue
(B) green
(C) brown
(D) blonde

해석 오늘, 우리 반에 새로운 친구가 생겼다. 그녀의 이름은 Alice이다. Alice는 영국에서 왔다. 그녀는 나처럼 8살이다. 그녀는 긴 금발머리와 파란 눈을 가지고 있다. 그녀는 키가 크고 말랐다. 나는 그녀가 내 옆에 앉아서 기쁘다.

19. Alice는 어디서 왔는가?
(A) 프랑스
(B) 미국
(C) 영국
(D) 호주

20. Alice의 눈은 무슨 색인가?
(A) 파란색
(B) 초록색
(C) 갈색
(D) 금발색

풀이 Alice는 영국에서 왔다고 했으므로 19번의 정답은 (C)이다.

Alice는 파란색 눈을 갖고 있다고 했으므로 20번의 정답은 (A)이다.

Words and Phrases England 영국 | blonde hair 금발머리 | blue 파란색 | tall 키가 큰 | thin 마른 | new 새로운

MEMO

MEMO